Marjeta Gurtner

Warum Vertrauen zum ERFOLG führt

Der 21-Tage-Begleiter auf dem Weg der Gewinner

ISBN 978-3-8434-1338-1

Marjeta Gurtner:
Warum Vertrauen zum Erfolg führt
Der 21-Tage-Begleiter auf
dem Weg der Gewinner

Umschlag & Layout: Simone
Fleck, Schirner, unter Verwendung
von # 231295171 (© AnnPainter),
www.shutterstock.com
Lektorat: Alina Machka, Schirner
Printed by: Ren Medien GmbH,
Germany

www.schirner.com

1. Auflage Mai 2018

Inhalt

Vorwort

Sie möchten erfolgreich sein?

Sie sind voller Tatendrang, Ihren ganz persönlichen Erfolg in die Hand zu nehmen? Dann ist dieser Begleiter genau das Richtige für Sie – beginnen Sie damit, Ihr Leben innerhalb von 21 Tagen zu ändern!

Vielleicht gleichen Sie mir, weil auch Sie träumen, gespannt und neugierig sind, getrieben von der Idee, Ihren Traum zu verwirklichen. »Ich will! – Ich werde! – Ich tue! – Was als Nächstes?«, begleitet mich unermüdlich. Bereits zu Beginn meines Erfolgsweges machte ich jedoch eine Erfahrung: Trotz meiner Bemühungen gab es Phasen, in denen sich nichts bewegte, mehr noch, ich sogar Rückschritte zu machen glaubte. Doch meinen Traum aufzugeben, kam für mich nie infrage. Ich ging einen Schritt nach dem anderen – heraus aus dem Stillstand, hinein in die nächste erfolgverheißende Herausforderung. Da erkannte ich, in mir gibt es eine wichtige Kraft. Diese hält Misserfolgen und Hindernissen stand: mein tiefes Vertrauen.

Erfolgreich zu sein, bedeutet, die eigenen Lebensziele und -träume zu verwirklichen, ganz gleich, welcher Art sie sind. Erfolg bezieht sich auf alle Bereiche des Lebens. Sie sind erfolgreich, wenn Sie stolz auf sich selbst sind, Veränderung bewirkt zu haben, wenn Sie Ihren ganz persönlichen Weg mit Mut und Freude gehen, wenn Sie der Mensch sind, der Sie sein wollen. Streben Sie jeden Abend an, morgen ein kleines Stück besser zu sein als heute, sich zu verändern und zu wachsen.[1]

Ihre Träume, Ihre Begeisterung, Ihr Lebensmut werden oft wie von einem Schleier überdeckt, einem Schleier des Zweifels, der Angst und

1 Wie Sie mit mentalen Gesetzen den Erfolg auf allen Ebenen Ihres Lebens erreichen, lesen Sie in meinem Buch »Dein Erfolg ist ganz oder gar nicht«.

der Mutlosigkeit. Steigen Sie aus diesem Karussell aus! Akzeptieren Sie keine Lebenssituation, in der Sie sich unglücklich und erfolglos fühlen. Aussteigen heißt, sich nicht beirren zu lassen, auch wenn es da draußen unzählige Menschen gibt, die Ihnen zu verstehen geben, dass Erfolg nur etwas für die anderen ist. Hören Sie nicht hin! Aussteigen heißt, die eigenen Gedanken auf Erfolg auszurichten und sie unermüdlich mit erfolgbejahenden Botschaften zu nähren. Beginnen Sie jetzt!

Das Leben ist zu vielseitig, als dass es eine einzige Formel für Glück und Erfolg gäbe, doch es gibt Richtlinien, mentale Wegweiser. Vielleicht wenden Sie jetzt ein, Sie hätten bereits alles genau nach diesen Richtlinien gemacht und seien doch nicht vorangekommen. Dann haben Sie etwas Entscheidendes außer Acht gelassen: Dann trauen Sie sich in Ihrem tiefsten Innern den Erfolg gar nicht zu, Sie vertrauen sich nicht, weil Sie sich in Ihrem Herzen nicht wert fühlen, Erfolg zu haben. Doch ohne Vertrauen in sich selbst, in den eigenen Wert als Mensch, in die eigene Schaffenskraft, ohne Vertrauen in die liebevolle Führung des Lebens ist wahrer Erfolg nicht möglich. **Vertrauen** ist die Kraft, mit der Sie Hindernisse überwinden. **Vertrauen** ist Ihre Zuversicht, dass Sie Ihr Ziel erreichen, obwohl sich heute noch alles dagegenstellt. **Vertrauen** ist Ihr Vorschuss, den Sie an Ihren Erfolg zahlen müssen, um Erfolg zu erhalten. **Vertrauen** ist Ihre absolute Sicherheit, alles zu erreichen, was Sie sich vornehmen.

Sie halten jetzt Ihren persönlichen Erfolgsbegleiter in den Händen. Ein Begleiter ist wie ein Freund, dem Sie all Ihre Gefühle anvertrauen können. Und so gehe ich an dieser Stelle, liebe Leserin, lieber Leser, zur vertrauteren Anrede über, zum »Du«.

Erfolgreich mit diesem Begleiter arbeiten

Halte jetzt inne, und spüre deine Beziehung zu deinem Begleiter, der dir meine Botschaft überbringt: »Zu vertrauen kannst du lernen.« Nimm einen Spiegel zur Hand, und schaue dein Gesicht einige Minuten lang an, blicke dir tief in die Augen. Sei offen für alle Empfindungen, die dabei in dir aufsteigen. Erkenne in deinen Augen den Menschen, der du zu werden wünschst und der du sein wirst.

Dieses Buch ist dein Trainingsprogramm, das meine persönlichen Erkenntnisse sowie die ewig gültigen Erfolgsgesetze zusammenfasst, dein Vertrauen festigt und dich zum Erfolg führt. Dein Vertrauen wird dir in jeder noch so ausweglosen Situation die Kraft geben, einen Schritt nach dem anderen zu gehen.

Dein Begleiter ist ein praktisches Arbeitsbuch, bei dem du von Anfang an mitdenkst, direkt in die leeren Zeilen schreibst und dich selbst dadurch immer besser kennenlernst. Inhaltlich ist er in fünf Kapitel gegliedert. Obwohl dein 21-Tage-Programm erst im fünften Teil beginnt, ist es für deinen Erfolg wichtig, kein Kapitel, keine Seite zu überspringen und in der gegebenen Reihenfolge zu arbeiten. Bereits in den ersten vier Teilen erhältst du Übungen – diese sind die Grundbausteine für deinen Erfolgsweg in deinem 21-Tage-Programm. Sei geduldig, und trainiere diese Grundübungen einige Male. Es gibt keine Abkürzung zum Erfolg. Es gibt nur ein geduldiges und beharrliches Training, Schritt für Schritt deinem Ziel entgegen.

Zunächst erhältst du im ersten Teil Grundlagen rund um den Begriff »Vertrauen«. Gleich einem Fisch, der sich nicht bewusst ist, dass er bereits im Wasser schwimmt, ist dir vielleicht noch gar nicht klar, wie du Vertrauen erlebst. Vertrauen lässt sich mit einer Kette vergleichen, die aus verschieden starken Kettengliedern zusammengesetzt ist. Diese Einzelglieder deines Vertrauens und deren Wirkkraft lernst du im zweiten Teil kennen. Du wirst erkennen, an welcher Stelle deine Kette schwach

Alle Angaben werden vertraulich behandelt.
* Der Newsletter kann jederzeit abbestellt werden.

Name/Vorname: ____________________

Straße: ____________________

PLZ, Ort: ____________________

Telefon: ____________________

E-Mail: ____________________

Geburtsdatum: ____________________

Bitte senden Sie mir:

- [ ] weitere Informationen aus dem Schirner Verlag
- [ ] den Schirner Newsletter (nur als E-Mail*)
- [ ] das SPIRIT live & Schirner Magazin

Diese Karte entnahm ich dem Buch:

____

Würden Sie dieses Buch weiterempfehlen?

____

Vielen Dank!

Das Porto übernehmen wir für Sie!

Antwort

Schirner Verlag
Birkenweg 14a
D-64295 Darmstadt

ist und zu brechen droht. Dein Vertrauen hat einige Gegenspieler, die beständig damit beschäftigt sind, deinen Erfolg zu verhindern. Im dritten Teil erkennst du diese Bremsen und erhältst mentale Methoden und Grundbausteine, um Brücken zu deinem Vertrauen wieder aufzubauen. Dein Vertrauen kannst du wesentlich stärken, indem du auf deine Botschaften nach außen achtest, deine Ausstrahlung, dein Verhalten. Im vierten Teil erhältst du hierzu hilfreiche Anweisungen und Beispiele.

Im fünften Teil bist du bei deinem Trainingsprogramm angekommen. Bisher hast du dir ein Grundwissen angeeignet, das du nun anwendest. Trage zu Beginn des Trainings das Datum deines Starts ein. Lasse danach keinen Tag aus. Jeden Tag trägst du das betreffende Datum ein – dies ist deine Selbstkontrolle: »Ich bin noch im Rennen.« Jedem Tag liegt ein Thema zugrunde. Jedes Thema stärkt dein Vertrauen und bringt dich deinem Erfolg näher. Lasse kein Thema aus, auch wenn du den Eindruck hast, ein Thema sei für dich weniger relevant.

Am Ende des Trainings bewertest du dein Vertrauen neu und ziehst einen Vergleich. Hast du konsequent und diszipliniert dein Übungsprogramm durchgearbeitet, wirst du jetzt große Erfolge feiern können.

Selbstverständlich ist es sinnvoll und nützlich, auch nach dem Beenden des Trainings bestimmte Themen wieder aufzugreifen, die für dich besonders wichtig sind. Vor dir liegt ein schöner Weg, gehe ihn ruhig und mit offenem, freudigem Herzen. Spüre, wie du mit jedem Tag Schritt für Schritt aus deinem alten Leben aussteigst, wie du deinem Leben eine neue Tiefe gibst. Denn nichts macht dich reicher, nichts macht dich erfolgreicher als dein unbeugsames Vertrauen. Beginne genau jetzt, denn alles, glaube mir, fängt heute an.

Deine Marjeta Gurtner

Teil 1

Eine Emotion voller KRAFT

Das Wort »Vertrauen« trägt in sich die Bedeutung von treu, stark, stabil. Bereits das Aussprechen dieses Begriffs bringt Emotionen in Bewegung, treibt voran oder hält zurück. Sprich das Wort »Vertrauen« laut aus. Welche Gedanken löst dieses Wort in dir aus? Vielleicht sind sie diesen ähnlich: »Ich habe Angst«, »Kann ich nicht«, »Zu vertrauen ist dumm«, »Innere Ruhe durchströmt mich«, »Ich fühle mich stark«, »Vertrauen ist gefährlich.«

Schließe deine Augen, und richte deine Gedanken nach innen. Schreibe auf, was dir beim Wort »Vertrauen« zuerst in den Sinn kommt:

....

....

....

....

Mit deinen Gedanken sind innere Bilder verknüpft. Welche inneren Bilder hat das Wort »Vertrauen« in dir ausgelöst?

....

....

....

....

Lies deine Aufzeichnungen einige Male durch. Du wirst dabei feststellen, dass sich alles, was du jetzt gedacht und dir vorgestellt hast, auf dein Gemüt auswirkt. Gefühle kommen hoch. Halte diese Gefühle schriftlich fest, bevor du weiterliest:

....

....

....

....

Vertrauen löst in dir also eine Kette von Assoziationen aus, die abhängig davon ist, was du bisher im Zusammenhang mit diesem Begriff erlebt hast. Vielleicht wirst du traurig, weil du glaubst, nicht vertrauen zu können. Womöglich wirst du wütend, weil irgendjemand dein Vertrauen enttäuscht hat, oder du stehst augenblicklich unter Leistungsdruck, weil du etwas tun solltest, was du dir nicht zutraust. Eine Enttäuschung in einer zwischenmenschlichen Beziehung kann zu der Entscheidung geführt haben, niemandem mehr vertrauen zu wollen, um sich weitere Enttäuschungen zu ersparen. Vielleicht hast du auch in einer entscheidenden Situation versagt und traust dir nichts mehr zu. Womöglich meidest du sogar bewusst ganz bestimmte Situationen in der Überzeugung, dadurch weitere Misserfolge und Blamagen zu vermeiden. Vielleicht durchströmt dich aber auch innere Ruhe und Gelassenheit, weil du dir und dem Leben vertraust. So oder so, es sind deine Erfahrungen, die in hohem Maße dafür verantwortlich sind, ob du vertraust oder nicht. Jede Erfahrung ist höchst emotional, sie gibt dir Kraft, unterstützt und stärkt dein Vertrauen in dich selbst, in dein Vorhaben, in das Leben. Oder sie nimmt dir Kraft, verunsichert dich und kann zu tiefem Zweifel an der eigenen Person und dem eigenen Leben führen.

Vergleiche jede Erfahrung mit einem Foto oder einem Film – beides lässt sich jederzeit vernichten und neu, besser, glücklicher aufnehmen. Sage nie: »Es ist nun mal so.« Verhalte dich nicht wie der Bär, der in seinem Käfig hin- und hergeht. Nach vielen Jahren werden die Gitterstäbe seines Käfigs weggenommen, doch der Bär merkt es nicht – er geht weiter hin und her, her und hin. Er spürt eine Sehnsucht nach Freiheit, und doch tut er den entscheidenden Schritt nicht. Er ist in seiner Routine gefangen und fühlt sich klein, schwach und unfähig.

Ähnlich verhält es sich mit dir. Deine Erfahrungen haben Macht. Sie prägen dein Denken und dein Verhalten. Doch auch umgekehrt gilt: Dein Denken und dein Verhalten ziehen weitere Erfahrungen an, die genau diesem Denken und Verhalten entsprechen. Dies ist ein sich selbst verstärkender Prozess. Angenommen, du hast eine wichtige Prüfung nicht bestanden, dann stellst du zukünftig deine Fähigkeiten infrage, du zweifelst an dir selbst. Und das Gedankenkarussell dreht sich: »Ich schaffe es doch nicht«, »Ich bin zu dumm dafür«, »Die anderen sind immer besser als ich«, »Bei mir geht alles schief.« Dieses Denken führt direkt ins nächste Scheitern.

Lasse nicht zu, dass deine negativen Erfahrungen die Macht über dein zukünftiges Leben ergreifen. Wenn du dich auf dem Weg des Misstrauens, des Zweifels und der Angst bewegst, neigst du dazu, immer dieselben Gedanken und Überzeugungen zu wiederholen, Gedanken, die dich schwächen und kleinhalten. Ähnlich dem Bären hast du dich daran gewöhnt, verbittert auf deinem Pfad weiterzutrotten.

Wir alle spüren tief in uns die Sehnsucht, ein erfülltes und kraftvolles Leben führen, etwas bewegen, etwas bewirken zu wollen. Und trotzdem machen wir uns oft selbst klein – viel kleiner, als wir sind …

Eine Geschichte erzählt von einer Frau, die zu einem Zen-Meister kam. Der Zen-Meister meditierte und hielt dabei seine Augen geschlossen. »Meister, darf ich Sie ansprechen?«, fragte die Frau.

Ohne die Augen zu öffnen, antwortete der Meister: »Ja.«

Da sprach die Frau: »Ich bin sehr traurig darüber, dass die Leute zu mir sagen, dass ich hässlich sei.« Der Meister hielt seine Augen noch immer geschlossen und fragte: »Glaubst du, dass du hässlich bist?« »Natürlich glaube ich das«, war die Antwort der Frau.

Ohne die Frau anzusehen, erwiderte der Meister: »Also dann bist du hässlich. **Wir sind im Leben immer das, was wir zu sein glauben.«**

Worauf richtet sich das Vertrauen?

Wem vertraust du?

- ☐ meinem Lebenspartner
- ☐ meinen Kindern
- ☐ meinem Chef
- ☐ meinem Nachbarn
- ☐ der Verkäuferin im Geschäft nebenan
- ☐ meinem Versicherungsberater
- ☐ der Zukunft
- ☐ dem Leben
- ☐ meinem Erfolg
- ☐ mir selbst

Markiere bei dieser Aufzählung die Punkte, bei denen du mit Gewissheit sagen kannst: »Ich vertraue.« Bei welchen Punkten denkst du: »Hier vertraue ich nur teilweise, nicht ganz.«? Ergänze jetzt deine ganz persönlichen Vertrauenspersonen:

....

Wie steht es mit dir selbst?

Das Vertrauen in mich selbst ist in diesen Belangen ganz stark:

....

....

....

....

Das Vertrauen in mich selbst ist in diesen Belangen eher schwach:

....

....

Dein Vertrauen in dich selbst ist ein Bewusstseinszustand, der dein Leben bestimmt und deinen Erfolg erst möglich macht. Wer sich selbst bedingungslos vertraut, vertraut auch dem Leben und wird reich beschenkt – mit innerer Gelassenheit, Fröhlichkeit, Selbstsicherheit, mit Mut, Kraft und Durchhaltevermögen. Dies sind Meilensteine auf dem Weg zum Erfolg.

Dein Selbstvertrauen ist ein Anker, der dich sicher im Leben hält, dein Lebenselixier, das dich mit Kraft speist. Denke immer daran: In dem Maß, wie du dir selbst vertraust, vertraust du auch anderen. In dem Maß, wie du dir selbst vertraust, vertrauen dir andere.

Gib deinem Vertrauen jetzt ein Symbol. Ist es ein stolzer Löwe, ein heiliger Tempel, ein Diamant, ein graues Mäuschen, ein leuchtender Stern?

Mein Selbstvertrauen bekommt dieses Symbol:

In Gesprächen höre ich immer wieder die Klage darüber, dass Menschen sich allein fühlen, dass sie niemanden haben, dem sie vertrauen, mit dem sie ihre persönlichen Anliegen besprechen können. In diesen Momenten ist meine erste Frage immer: Können Sie sich selbst vertrauen? Können Sie sich selbst nahe sein? Selbstverständlich tun dir Menschen, denen du vertraust, gut, doch zuallererst musst du dir selbst nahekommen und dir selbst vertrauen. Erst dann kannst du dich für andere Menschen öffnen und Nähe zulassen.

Notiere hier, welchen Zusammenhang du zwischen deinem Erfolg und deinem Vertrauen siehst? Vertraust du darauf, in nächster Zeit Erfolg zu haben? Vertraust du darauf, dass du alles, was du anpackst, auch erfolgreich zu Ende führst? Wenn ja, warum? Wenn nein, warum nicht?

....

....

....

....

....

....

....

....

Vertrauen ist ein Mosaik

Eine Geschichte erzählt von einer Gruppe Wanderer, die in den Schweizer Alpen in einen schweren Schneesturm geriet. Die Gruppe kam vom Weg ab und verirrte sich hoffnungslos. Die Wanderer hielten an und beratschlagten, was zu tun sei. Niemand wusste eine Antwort.

Da entdeckte einer der Wanderer in seinem Rucksack eine Karte, und die Gruppe schöpfte neuen Mut. Sie machten sich auf den Weg zum nächsten Dorf, der Wanderer mit der Karte voran. Nach drei Stunden erreichten sie ein kleines Bergdorf – sie waren gerettet. Ein Bauer nahm die Wanderer auf. Sie erzählten ihm, dass einer von ihnen gerade noch rechtzeitig die lebensrettende Karte gefunden habe.

Der Bauer sah sich die Karte genau an und brach in schallendes Gelächter aus: **»Das ist keine Karte von den Schweizer Alpen, das ist eine Karte von den Pyrenäen!«**

Von Zeit zu Zeit erlebst du Situationen, die dich herausfordern und vielleicht sogar an den Rand des Erträglichen führen. Die vorangegangene Geschichte zeigt, dass Menschen, sobald sie ein Ziel haben, ihr Tun auf dieses Ziel ausrichten. Auch du wirst die Erfahrung machen, dass dein unbeugsames Vertrauen in solchen Situationen die Quelle unerschöpflicher Kraft ist. Damit überwindest du Widrigkeiten und Phasen der Mutlosigkeit.

Dein Vertrauen lässt sich Stück für Stück aufbauen. Stelle dir vor, dass zwischen dir und deinem Ziel Zäune aufgestellt sind. Willst du dein Ziel erreichen, dann bist du herausgefordert, über diese Zäune zu springen. Jeder Sprung ist ein Wagnis und eine Mutprobe. Sobald du dieses Wagnis eingehst, sobald du springst, wirst du eine Entdeckung machen: Du wirst dich gestärkt fühlen. Dein Vertrauen in deine Fähigkeit, über den Zaun zu springen, wächst bei jedem Sprung. Dein Vertrauen ist in diesem Zusammenhang mit einem Mosaikbild vergleichbar. Die einzelnen Steinchen sind deine Sprünge, je öfter du springst, desto vollständiger und schöner wird dein Mosaikbild. Mache dir bewusst, dass bereits Mosaiksteinchen da sind, weil du schon gesprungen bist. Erinnere dich, finde Beweise dafür, dass du in deiner Vergangenheit bereits Wagnisse eingegangen bist. Jedes Wagnis ist ein Mosaiksteinchen, das dich dazu motiviert, dein Bild Schritt für Schritt zu vervollständigen.

In diesem Bereich meines Lebens habe ich etwas Neues gewagt:

....

....

....

Das Neue daran war:

....

....

....

Das Ungewisse daran war:

....

....

....

So habe ich mich danach gefühlt:

....

....

....

....

....

....

Teil 2

Mit **Vertrauen** zum ERFOLG

Ein Samurai sah eines Tages im Kampf um Leben und Tod infolge einer kleinen Unachtsamkeit die scharfe Klinge eines Schwerts auf sich gerichtet. Da erkannte er, wie wichtig seine körperliche Gewandtheit war. Doch er realisierte auch, dass diese körperliche Gewandtheit nicht ausreichte, wenn nicht auch sein Geist konzentriert und seine Gefühle nicht im Gleichgewicht waren.

Samurais konnten es sich nicht leisten, mentale Schwächen zu ignorieren. Sie trainierten ihren Körper, ihre Gedanken und ihre Emotionen gleichermaßen. Genauso steht es mit dir: Wenn du Erfolg haben willst, musst du ebenfalls deine Gedanken und deine Emotionen trainieren. Jene Aspekte, die deine größten Schwächen darstellen, solltest du dann am intensivsten trainieren.

Das Leben ist kostbar, das Leben ist voller Leidenschaft und Sinn. Damit du es frei und zu deiner Freude auskosten kannst, musst du dich trauen. In der Kette aller Eigenschaften, die du für deinen Erfolg benötigst, ist ein Kettenglied von überragender Bedeutung: dein Selbstvertrauen. Ist dieses Kettenglied schwach, reißt die Kette, und Erfolg wird unmöglich. Erfolg ist etwas Wunderbares, und jeder, wirklich jeder strebt ihn an – im privaten Kreis wie in großen Unternehmen. Ohne Erfolg verliert das Leben seine Lebendigkeit. Wie fühlt sich Erfolg für dich an?

Lasse die folgenden Erfolgsfaktoren, die mit E wie »Erfolg« beginnen, auf dich wirken.

Einsatz	Eigeninitiative	Ehrfurcht
Einheit	Elan	Einfall
Euphorie	Erkenntnis	Einstellung
Einatmen	Echtheit	Enthusiasmus
Einmaligkeit	Ehre	Entschlossenheit
Entwicklung	Einfluss	Energie
Einladung	Entfaltung	Eigenständigkeit

Suche dir aus den oberen Erfolgsbegriffen jene Begriffe aus, die für dich besonders wichtig sind:

....

....

....

Für welche dieser Erfolgsbegriffe benötigst du ein hohes Maß an Selbstvertrauen?

....

....

....

Hast du es bemerkt? Jeder Erfolgsfaktor setzt Selbstvertrauen voraus.

Einige meiner Klienten erzählen mir während der Beratungsgespräche, sie seien in einem Bereich ihres Lebens erfolgreich, in einem anderen aber nicht. Mir kommt das so vor, als möchten sie mir erklären, ihr Leben sei ein Ausstellungsregal. Hier steht etwas, und dort ist das Regal leer. Doch das ist kein Erfolg, einen Teilweise-Erfolg gibt es nicht.

Wenn dir jetzt der Gedanke kommt, dass du ebenfalls glaubst, in einem Bereich vorwärtszukommen, in einem anderen jedoch nicht, dann mache dir bewusst, dass sich damit ein tieferes Problem nur verlagert. Dieses Problem heißt »Mangel an echtem Vertrauen«.

Strebe den ganzheitlichen Erfolg an, der sich auf alle Ebenen deines Lebens bezieht, auf alle gleichzeitig. Diesen erreichst du mit deinem »echten Vertrauen«. Nimm dir vor, deine Konzentration und deine ganze Energie in die Pflege des echten Vertrauens zu investieren.

Echtes Vertrauen und Scheinvertrauen

Scheinvertrauen ist von äußeren Umständen abhängig. Wenn Menschen dich so behandeln, wie du behandelt werden willst, dann vertraust du ihnen. Wenn jedoch diese Menschen deine Grenzen überschreiten, dir zu nahe kommen, dich auf irgendeine Weise verletzen, verlierst du dein Vertrauen. Das heißt, wenn du einem Menschen nicht vertraust, dann meinst du im Grunde, dass die Art, wie du von diesem Menschen behandelt wirst, für dich nicht stimmt. Die Aussagen »Ich kann niemandem mehr vertrauen«, »Die Welt ist ein schlechter Ort« oder »Ich werde nur ausgenutzt« sind Aussagen, die aus diesem Scheinvertrauen resultieren.

Für deinen Erfolg ist das Scheinvertrauen unwichtig, denn es kommt einzig und allein darauf an, ob du selbst dir zutraust, Erfolg zu haben. Und da gibt es kein Teilvertrauen und kein Vielleicht. Echtes Vertrauen ist die tiefe Überzeugung, jede Situation zu meistern. Das heißt, dass du mit Widrigkeiten, Enttäuschungen und Misserfolg umgehen kannst, ohne die Welt anzuklagen. Wenn du dieses Vertrauen entwickelst, wirst du aufhören, zu kämpfen – mit deiner Angst, mit deinen Erwartungen, mit »denen da draußen«. Dann ist alles möglich. Dann steht dir nichts mehr im Weg. Dein ganzes Leben wird zu einem erfolgreichen Erlebnis.

Nun ist es Zeit, das echte Vertrauen kennenzulernen …

Selbstvertrauen ist das Fundament

Stelle dir vor, ein korrekt gekleideter Besucher tritt zu dir in einen Raum, aber er zögert an der Türschwelle, schaut erst links, dann rechts, dann blickt er vage in deine Richtung. Während er dir die Hand reicht, schaut er verlegen an dir vorbei, und sein Händedruck ist schwach und zögerlich. Wie anders sieht dagegen diese Szene aus, wenn der Besucher mit ruhigem Blick und offenem Lächeln im Gesicht eintritt? Mit einem zielgerichteten Schritt kommt er auf dich zu, er blickt dich an, und bei seinem festen, warmen Händedruck spürst du seine Selbstsicherheit und sein Selbstvertrauen.

Ein uraltes Gesetz besagt: Wie innen, so außen. Deine Ausstrahlung, dein So-Sein, entspricht immer deinem inneren Befinden. Ob du mit Selbstvertrauen durch das Leben gehst oder nicht, sieht man dir an. Ob du gleich einem grauen Mäuschen umherschleichst oder mit geradem Rücken und zielgerichtetem Schritt vorangehst, macht einen großen Unterschied. »Graue Mäuse« sind Menschen, die durch ihre Körperhaltung, ihren Blick, ihre Stimme, ihren gesamten Auftritt signalisieren: »Ich bin nichts, ich kann nichts.« Diese äußeren Signale entsprechen dem inneren Befinden.

Deine Persönlichkeit, dein Innerstes, dein ICH BIN setzt sich aus verschiedenen Komponenten zusammen. Es ist ein komplexes Gebilde aus Selbstbewusstsein, Selbstwert, Selbstwirksamkeit, Selbstachtung und Selbstsicherheit. Eine Klärung dieser Begriffe ist sehr sinnvoll, da ihre Bedeutung sowohl in zahlreichen Büchern als auch im täglichen Sprachgebrauch vermischt werden. Untersuche, wie dein Leben bezüglich dieser Begriffe aussieht. Im Folgenden erhältst du Übungen, um mit jedem Selbst-Begriff vertraut zu werden. Erfolg ist das Ergebnis eines stabilen Selbstvertrauens, und ein stabiles Selbstvertrauen ist die Summe all dieser Selbst-Eigenschaften und ergibt sich aus dem Training derselben. Im Anschluss trägst du in einer Bewertungsskala ein, an welchem Punkt du heute stehst. Damit wird dein Fortschritt messbar. Hast du später die 21 Tage durchtrainiert, bewertest du deinen Stand neu und vergleichst.

Jeder dieser Aspekte des Selbstvertrauens kann sabotiert werden – durch deine Mitmenschen, deine Rückschläge, durch Missachtung. Diesen Saboteuren widmen wir uns später. Zum jetzigen Zeitpunkt ist für dich allein die Erkenntnis wichtig:

»Hier stehe ich. Das beobachte ich.
Das denke ich. So fühle ich mich.«

Selbstbewusstsein

Du entwickelst ein starkes Selbstbewusstsein, indem du deine Gedanken, deine Gefühle und dein Verhalten beobachtest. Dadurch erkennst du, wie du in verschiedenen Situationen reagierst, wie du beispielsweise mit Kritik, Beleidigungen und Stress umgehst. Indem du deine Gedanken und Gefühle benennst, wertest du nicht und unterscheidest nicht zwischen gut und schlecht – du nimmst nur wahr.

In diesen Situationen habe ich bereits meine Gedanken, meine Gefühle und mein Verhalten beobachtet:

....

....

....

Dieses sich wiederholende Muster ist mir an mir aufgefallen:

....

....

....

Dieses Verhalten will ich verändern:

....

....

Selbstwert

Der Selbstwert ist dein Gefühl für deinen eigenen Wert und deine persönliche Würde. Hast du eine bejahende Haltung zu dir selbst und deinem Wert? Möglicherweise verwirrt dich diese Frage, und du antwortest mit: »Ja, selbstverständlich.« Wie viel Wert du dir als Mensch jedoch wirklich beimisst, zeigt sich in alltäglichen Situationen. Viele Menschen betrachten es als eine Tugend, sich kleiner zu machen, als sie sind. »Bescheidenheit ist eine Zier. Ich stelle mich doch nicht in den Vordergrund …« Zu dieser »Scheintugend« etwas später.

Erkenne: Wenn du dich klein machst und dein Licht unter den Scheffel stellst, wirst du als klein wahrgenommen und kannst niemals erfolgreich werden.

Ist dein Selbstwert gefestigt, wirst du deine Bedürfnisse aussprechen, für sie einstehen, Nein sagen, wenn du Nein denkst, dich abgrenzen und für deine Arbeit einen angemessenen Preis festlegen.

Denke über die folgenden Punkte kurz nach – im Leben zählt das Detail. Schreibe deshalb mutig auch Kleinigkeiten auf.

In diesen Situationen fällt es mir besonders schwer, meine Bedürfnisse auszusprechen:

....

....

Wenn ich mit diesen Menschen zusammen bin, habe ich das Gefühl, weniger wert zu sein:

....

....

Folgende Eigenschaften dieser Menschen erwecken in mir in ihrer Gegenwart das Gefühl, weniger wert zu sein:

....

....

Alles, was deinen Energiefluss hemmt, und jeder Mensch, der dir das Gefühl gibt, wertlos zu sein, hält dich vom Erfolg zurück. Du kannst niemals erfolgreich sein, wenn du dich wertlos fühlst! Denke bitte über deine Beziehungen nach. Menschen, die dir das Gefühl der Wertlosigkeit geben, sind deine Bremsen! Verabschiede sie aus deinem Leben, äußere deine Bedürfnisse, grenze dich ab, und sage im richtigen Moment: »Nein.«

Hier erhältst du unterstützende Gedanken, damit du dich Schritt für Schritt traust, deine Bedürfnisse zu äußern. Schreibe den Gedanken, der sich für dich gut anfühlt, auf eine kleine Karte. Trage die Karte immer bei dir, und lies dir den Gedanken immer wieder im Stillen vor.

› »Ich bin es wert, meine Bedürfnisse zu äußern.«
› »Meine Bedürfnisse sind wichtig.«
› »Ich erkenne, was ich brauche, und ich stehe dafür ein.«
› »Ich akzeptiere mich und meine Bedürfnisse.«
› »Das Leben unterstützt mich in all meinen Bestrebungen.«

Kannst du im richtigen Moment Nein sagen? Vielleicht gehörst du zu den Menschen, die einen großen Bogen um dieses entscheidende Wort machen und am liebsten alle Situationen, in denen ihr Nein erforderlich wäre, meiden möchten. Dann kennst du diese Situation bestimmt: Eine Entscheidung steht bevor. Im Voraus fühlst du dich schlecht, weil du genau weißt, dass du die Kraft, ein klares Nein zu formulieren, nicht haben wirst. Dieses Nein hast du hundertfach gedacht und erwogen. Im entscheidenden Augenblick hast du dann gequält Ja gesagt. Deine Fähigkeit, Nein zu sagen, steht in direktem Zusammenhang mit deinem Selbstwert. Wenn du Nein zu etwas sagst, dann sagst du Ja zu etwas anderem, zu einem deiner Bedürfnisse, du sagst Ja zu dir selbst. Dieses Zu-sich-selbst-Stehen erfordert Mut, und dieser Mut fehlt oft. Die Angst steht im Vordergrund – die Angst, nicht zu gefallen, nicht akzeptiert oder geliebt zu werden.

Schaffst du es jedoch nicht, Nein zu sagen, kannst du niemals Erfolg haben. Denn du handelst dann, um anderen Menschen zu gefallen, nicht aus Überzeugung. Erfolgreiche Menschen hingegen sind überzeugt von dem, was sie tun. Als Jasager bist du manipulierbar. Sehr schnell finden sich in deinem Umfeld Menschen, die deinen Schwachpunkt erkennen. Wie bei einer Marionette muss derjenige nur an einem Faden ziehen, und schon bewegst du dich wie von ihm gewünscht. Erkennst du den Zusammenhang? Jasager zu kennen, ist praktisch, denn diese lassen sich für eigene Zwecke einsetzen, doch echte Wertschätzung wird ihnen nicht entgegengebracht. Weil sie formlos wirken, keine eigene Meinung haben, sich immer anpassen, kurz: Die Jasager haben kein Profil. Mit ihrem Verhalten demonstrieren sie ihre Unsicherheit.

Wirf einen ehrlichen Blick auf dich selbst.

Bei diesen Menschen fällt es mir besonders schwer, Nein zu sagen:

....

Das könnte schlimmstenfalls geschehen, wenn ich Nein sage:

....

....

....

Als ich einmal Nein gesagt habe, dachte ich und fühlte ich:

....

....

....

Die Personen, die ein Nein von mir erhalten haben, reagierten folgendermaßen:

....

....

....

....

Diese Personen haben den Kontakt zu mir abgebrochen, weil ich Nein gesagt habe:

....

Wahrscheinlich liege ich mit folgender Vermutung richtig: Du hast keine Kontakte verloren, nur weil du Nein gesagt hast. Niemand liebt dich deswegen nicht mehr, niemand verachtet dich deswegen, niemand schließt dich deswegen aus. Ganz im Gegenteil: Dass du zu dir selbst und zu deinen eigenen Bedürfnissen stehst, erhöht dein Ansehen, weil die anderen dann denken: »Diesen Menschen kann man nicht herumschieben.«

Es ist wichtig, zu verstehen, dass deine Fähigkeit, anderen Menschen Grenzen zu setzen, nichts mit der jeweiligen Person zu tun hat. Andere müssen sich nicht ändern. Du aber musst genau das tun, was sich für dich richtig anfühlt.

Diese Menschen überschreiten ohne mein Einverständnis meine Grenzen:

....

....

Darum suche ich diese Menschen trotzdem noch auf:

....

....

....

Ganz gleich, was die anderen auch tun und sagen mögen, deine Grenzen bestimmst immer du. Schreibe deshalb nachfolgend auf, in welcher Situation oder welchen Menschen du von nun an deinen Selbstwert stärker signalisieren und deine Grenzen klar kommunizieren wirst:

....

....

....

Selbstwirksamkeit

Selbstwirksamkeit ist deine unbeugsame Überzeugung, dass du die Fähigkeit besitzt oder erwerben kannst, zukünftige Ziele zu erreichen. Du bist absolut überzeugt davon, dass du etwas bewirken kannst und auch mit Barrieren und Schwierigkeiten zurechtkommst. Sobald du beginnst, deinen Erfolgsweg zu gehen, triffst du auf Widerstand und Hindernisse. Es verhält sich wie bei einem Samen: Sobald die Pflanze den Samen durchbrechen will, bringt ihr zuerst die Erde Widerstand entgegen, und anschließend muss sie stärker sein als das Unkraut, das ihr Nahrung und Wasser wegnimmt. Dafür braucht die Pflanze die Unterstützung eines

Gärtners. Und du benötigst die Unterstützung deiner Selbstwirksamkeit. Dieses Vertrauen in die eigenen Fähigkeiten, eine Leistung erbringen, ein Ziel erreichen zu können und sich in jeder Situation zurechtzufinden, ist entscheidend. Ein hohes Maß an Selbstwirksamkeit gibt dir Kraft, um durchzuhalten, dich ins Neuland zu wagen und Risiken auf dich zu nehmen.

Dieses Ziel zu erreichen habe ich abgebrochen, weil ich mir den Weg nicht zugetraut habe:

....

....

....

....

Das kann ich besonders gut, hierbei bin ich hervorragend:

....

....

....

....

Ich habe mich bereits in eine unbekannte Situation hineingewagt und dabei folgende positive Erfahrung gemacht:

....

....

....

....

Selbstachtung

Du bist eine Einheit aus Körper, Geist und Seele. Der Geist ist dein Bewusstsein, deine Gedanken. Die Seele ist dein Unterbewusstsein, der Träger deiner Gefühle. Selbstachtung weist dich darauf hin, auf deinen Körper zu hören, auf deine Gedanken zu achten und deine Gefühle wahrzunehmen. Erstaunlich viele Menschen missachten in ihrem Leben diese Aufforderung.

Auf deinen Körper zu achten, heißt:
Du gönnst deinem Körper Ruhepausen und Erholung. Dein Körper erhält genügend Bewegung. Du isst langsam und bewusst. Du trinkst genügend Wasser. Du verzichtest auf energieschwache Fertigprodukte und stillst deinen Heißhunger nicht mit Schokolade und Süßem. Du hörst genau auf die Botschaften deines Körpers und achtest sie.

Ziehe daraus deine persönliche Bilanz für dein eigenes Leben. Wie ist dein Verhalten gegenüber deinem Körper?

....

....

....

....

Viele glauben, äußere Zwänge hinderten sie daran, den Bedürfnissen des Körpers nachzukommen. Gibt es für dich etwas Wichtigeres, als auf die Kraft und Vitalität deines Körpers zu achten? Wenn ja, schreibe es hier auf:

....

....

....

Ich lasse die Mahlzeiten, die ich jeden Tag einnehme, an meinem geistigen Auge vorüberziehen und mache folgende Feststellung:

....

....

....

Ich entscheide mich, Folgendes künftig im Umgang mit meinem Körper zu verändern:

....

....

....

Dein Körper ist dein Freund, ordne ihm ein Symbol zu. Dies kann ein schönes Pferd sein, ein Tempel, ein Gefäß, ein Baum … Nimm eine Schere zur Hand. Vielleicht hast du passende Zeitschriften, Broschüren, Kataloge oder Ähnliches zu Hause. Suche dein Symbol, das Symbol, das du deinem Körper zuordnest. Schneide es aus, und klebe es in das nachfolgende Kästchen. Sieh dir dein Symbol an, und denke dabei: »Jawohl, das ist mein Körper. Ich liebe meinen Körper.«

Auf deine Gedanken zu achten, heißt:
Du prüfst genau, ob dich deine Gedanken auf dem Erfolgsweg vorwärtstreiben. Deine Gedanken sind der Ausgangspunkt. Alles, was du erlebst, ist zuerst in deinen Gedanken entstanden. Jede Handlung, die du verrichtest, hast du im Voraus gedacht. Wie du deine Welt wahrnimmst, bestimmen einzig und allein deine Gedanken, sie bestimmen, ob die Welt für dich ein guter, ein gefährlicher oder ein erfolgreicher Ort ist.

Hier ein Beispiel dafür, wie Gedanken zwei vollkommen unterschiedliche Realitäten erschaffen: Stelle dir vor, du bist zu einem Fest eingeladen, wo du niemanden kennst.

1. Möglichkeit:
Zu Hause denkst du: »Dort kenne ich niemanden. Ich weiß nicht, wen ich ansprechen und was ich sagen soll. Ich werde knallrot, und alle werden mich anstarren.« Bei diesem Gedanken spürst du in deiner Magengegend eine Schwere. Beim Fest angekommen, bleibst du am Eingang zögernd stehen. Du weißt nicht, welcher Gruppe du dich anschließen willst und denkst: »Es ist schrecklich, am liebsten würde ich wieder gehen.« Da kommt eine Person auf dich zu. Du denkst: »Jetzt muss ich selbstsicher wirken.« Du gibst dir einen Anstoß. Du begrüßt die Person mit überhitzter Hand, sprichst zu schnell und lachst auffallend laut, um die eigene Unsicherheit zu überspielen. Gemeinsam geht ihr zu einer Gruppe, die sich anregend unterhält. Du fühlst unerträgliche Hitze im Kopf. Du denkst: »Ich bin knallrot, wie entsetzlich peinlich.«

2. Möglichkeit:
Zu Hause überlegst du: »Dort kenne ich niemanden. Das ist interessant für mich, ich lerne neue Menschen kennen.« Während du dich zurechtmachst, trällerst du fröhlich ein Lied. Du denkst: »Jedes Fest ist ein Abenteuer, und heute bin ich gut in Form.« Beim Fest angekommen, verschaffst du dir einen Überblick. Da kommt eine Person auf dich zu. Du denkst: »Ich bin neugierig.« Du schaust diese Person an, beugst dich etwas nach vorn, während du ihr die Hand gibst und ihr zulächelst. Gern lässt du dich zu einer anregend diskutierenden Gruppe führen. Im Vorbeigehen schnappst du dir ein Glas Weißwein. Du

denkst: »So schön, diese vielen Menschen. Ich fühle mich wunderbar.« Verstehst du jetzt die Macht deiner Gedanken? Die äußeren Gegebenheiten sind in den beiden Beispielen identisch. Bald läuft es jedoch anders – unterschiedliche Gedanken, unterschiedliche Interpretation des Wahrgenommenen, unterschiedliche Gefühle. Die erste Person leidet, die zweite genießt. Das Denken läuft ziemlich automatisch ab, deshalb ist es für viele unbegreiflich, dass sie ihre Gedanken steuern können. Wie denkst du? Selbstverständlich möchtest du unterstützend, stark und selbstsicher denken. Doch wie denkst du wirklich?

Erinnere dich an eine Situation, in der du dich unter Menschen unwohl gefühlt hast. Welche Gedanken sind dieser Situation vorausgegangen?

....

....

....

....

Erinnere dich an eine Situation unter Menschen, in der du sehr zufrieden und glücklich warst. Welche Gedanken sind dieser Situation vorausgegangen?

....

....

....

....

Auf deine Gefühle zu achten, heißt:
Du lässt eigene Gefühle zu, spürst ihre Intensität, wertschätzt sie und nimmst sie ernst. Sobald du beginnst, Gefühle zu verdrängen oder zu unterdrücken, hast du keine Möglichkeit mehr, ihre Botschaft zu er-

kennen. Wenn du dich schlecht fühlst, ist dies ein Hinweis darauf, dass für dich etwas nicht stimmig ist, und diesem Etwas musst du auf den Grund gehen. Konzentriere dich die nächste Zeit über darauf, welche Gefühle du häufig und intensiv erlebst.

Meine oft aufkommenden intensiven Gefühle benenne ich so:

....

....

....

....

Folgendes Gefühl raubt mir oft meine Energie, und während dieses Gefühls spielen sich folgende Bilder und Gedanken in meinem Kopf ab:

....

....

....

....

....

....

Diese Übung zeigt dir, in welch enger Beziehung Gedanken und Gefühle stehen. Fühlst du dich unglücklich oder bist du unzufrieden, dann gehe deinen Gedanken auf den Grund. Bereits eine kleine Veränderung auf der Gedankenebene bewirkt große Veränderungen auf der Ebene der Gefühle und des Verhaltens.

Unser Leben gleicht einem Brunnen. In diesem befindet sich Wasser, das für unsere Energie steht. Wenn wir immer nur Wasser schöpfen, ohne dass Wasser nachfließt, wird der Brunnen irgendwann kein Wasser mehr haben, er wird versiegen. So ähnlich geht es unserem Körper. Wenn wir ununterbrochen nur Energie verbrauchen, werden wir schließlich ausgeschöpft sein, energielos.

Wenn wir dagegen gar kein Wasser aus dem Brunnen schöpfen, kommt auch kein Wasser mehr nach. Übertragen auf den Menschen heißt das: Wenn wir uns nicht anstrengen, uns für keine Ziele mehr einsetzen, verbrauchen wir auch keine Energie. Das macht uns kraftlos und träge. Erst wenn wir in diesem Prozess Ausgleich schaffen, fühlen wir uns kraftvoll und sind im Fluss. Wir brauchen beides: Aufgaben und Auszeit. Dieses Gesetz ist ein »8 + 8 + 8«-Gesetz. Das bedeutet: 8 Stunden lang Energie schöpfen und voller Power auf ein Ziel zustreben, dann 8 Stunden lang durch Bewegung und Hobbys regenerieren und schließlich 8 Stunden lang ruhen. In Phasen von Schlaf und Meditation kommt das Bewusstsein zur Ruhe.

Selbstsicherheit

Dein Erfolg ist eng mit deinem Auftreten gegenüber anderen verknüpft. Dabei ist deine Ausstrahlungs- und Anziehungskraft gemeint, deine Begeisterung, deine Überzeugungskraft, kurz: deine Wirkung. Mögen deine Ziele noch so stimmig sein – wenn du von Unentschlossenheit, Trägheit und Wirkungslosigkeit sabotiert wirst, verwirklichen sich deine Ziele nie. Wenn du deine guten Ideen in die Welt hinaustragen möchtest, jedoch zögerst, wartest, nichts sagst und unternimmst, obwohl du gern mehr und öfter deinen Beitrag leisten würdest, dann hast du verloren. Du triffst täglich Entscheidungen, musst dir Gehör verschaffen, deine Meinung äußern, Menschen führen, Kinder erziehen … Um selbstsicher aufzutreten, brauchst du ein stabiles Selbstvertrauen. Mit deinem sicheren Auftritt nach außen stärkst du Schritt für Schritt wiederum auch dein Selbstvertrauen. Das Gesetz gilt in beide Richtungen.

Deine Selbstsicherheit setzt sich aus verschiedenen Puzzleteilen zusammen. Dabei ist deine Körpersprache der wichtigste Teil, gefolgt von Mimik, Gestik und Stimmqualität. Deine Art zu sprechen, nicht nur, wie du sprichst, sondern auch, was du sagst, demonstriert den Grad deiner Selbstsicherheit.

Schaffe dein Bewusstsein für deine Körpersprache. Das geht am besten, wenn du dich selbst beobachtest. Schließe deine Augen, und stelle dir vor, du würdest neben dir stehen und dich beobachten. Führe dir eine Situation vor Augen, die für dich wichtig war, und beschreibe deine Körpersprache. Wie war deine Körperhaltung? Wohin hast du deinen Blick gerichtet? Wie hast du gesprochen? Mit welcher Stimmqualität?

....

....

....

....

....

....

....

Erinnere dich nun an eine Situation, in der du versagt zu haben glaubst. Beobachte dich, und beschreibe auch hier wieder deine Körpersprache:

....

....

....

....

....

....

....

Zusammenfassung

Vergleiche die fünf Selbst-Begriffe mit Bäumen, die auf dem weiten Feld deines Selbstvertrauens wachsen. Dieses entfaltet seine Wirkung erst durch gesunde Bäume, die darauf gedeihen. Es geht nicht darum, dass du sofort ein ausgeprägtes Selbstvertrauen auf allen Ebenen hast. Es geht darum, die einzelnen Bäume auf dem Feld des Selbstvertrauens zu pflegen. Du bist der sorgsame und liebevolle Gärtner, der einen großen Teil seiner Zeit mit dem Beobachten und Betrachten seiner Bäume verbringt. Je sorgfältiger du deine Bäume jeden Tag prüfst, desto zielbewusster kannst du da und dort unterstützen, pflegen und Schädlinge und Unkraut entfernen. Sprich verständnisvoll mit deinen Bäumen, und warte geduldig, beobachte, wie sie wachsen und gedeihen – Wachstum braucht Zeit. Du, der Gärtner, wirst dafür reich belohnt werden. Wenn du dich geduldig und ohne Unterbrechung um die Bäume auf deinem weiten Feld kümmerst, verwandelt sich dieses bald in eine wunderbare Landschaft, lebendig und kraftvoll.

Dein Selbstvertrauen ist die Summe aller Bäume – aller Selbst-Begriffe. Jeder einzelne trägt zu deinem So-Sein bei. Jeder Begriff prägt dein Denken, dein Fühlen, dein Verhalten und steuert damit deinen Erfolg. Kein Baum kann losgelöst von den anderen betrachtet werden, erst alle Bäume zusammen tragen zu einer wunderbaren Landschaft bei – zu deinem erfolgreichen Leben. Anders ausgedrückt: Dein starkes Selbstvertrauen führt dich zum Erfolg. Um ein starkes Selbstvertrauen zu haben, musst du jeden der Selbst-Begriffe berücksichtigen und stärken. Den ersten Schritt hast du bereits getan: Du hast dein Bewusstsein geschärft und damit Klarheit erlangt, wo du zum jetzigen Zeitpunkt stehst. Halte deinen Ist-Zustand jetzt mit der folgenden Skala fest. Vertiefe dich noch einmal in den Begriff des Selbstvertrauens und der fünf Selbst-Begriffe, notiere bei jeder Skala den heutigen Stand, und schreibe unter deine Markierung das heutige Datum. Damit wird dein Fortschritt messbar. Freue dich auf die 21 Tage des Trainings, und freue dich auf deinen Erfolg.

Selbstbewusstsein:
Hier bedeutet 0, du hast deinen Gedanken, deinen Gefühlen und deinem Verhalten bisher keine Beachtung geschenkt. Du hast keine Ahnung, wann du wie reagierst. Die 10 beschreibt absolute Klarheit. Du bist dir bewusst, wie du denkst, fühlst und dich verhältst.

0 1 2 3 4 5 6 7 8 9 10

....

Selbstwert:
Hier bedeutet 0, du sprichst weder deine Bedürfnisse aus noch setzt du Grenzen. Nein sagen kannst du nicht. Die 10 bedeutet, dass du mit Überzeugung Nein sagst, deine Bedürfnisse ruhig und entschieden kundtust und deine Grenzen klar absteckst.

0 1 2 3 4 5 6 7 8 9 10

....

Selbstwirksamkeit:
Hier bedeutet 0, du bist dir deiner Fähigkeiten noch gar nicht bewusst. Weil du davon überzeugt bist, nichts zu können, packst du auch nie etwas Neues an. Die 10 bedeutet, du bist dir über deine Fähigkeiten absolut im Klaren. Neues packst du gern an. Sollte dir Wissen fehlen, erwirbst du dir dieses.

0 1 2 3 4 5 6 7 8 9 10

....

Selbstachtung:
Hier bedeutet 0, du überhörst deine Körperbedürfnisse. Du denkst und fühlst vorwiegend negativ. Die 10 bedeutet, ein vitaler Körper steht für dich im Vordergrund. Du denkst unterstützend und nimmst deine Gefühle ernst.

0 1 2 3 4 5 6 7 8 9 10

....

Selbstsicherheit:
Hier bedeutet 0, deine Signale nach außen sind schwach, zögerlich und unklar. Die 10 bedeutet, du bewertest deine Ausstrahlung als sicher, sympathisch und einnehmend.

0 1 2 3 4 5 6 7 8 9 10

....

Neubeginn

Denke niemals, das Leben sei gelaufen, es habe sowieso keinen Wert oder du seiest ein hoffnungsloser Fall. Vielleicht hast du von Erfolg geträumt, aber deine Träume als unrealisierbar verworfen, oder du hast deine Träume verschoben, weil du dir nicht zutraust, diese zu erreichen. Die meisten Menschen wollen nicht glauben und vertrauen nicht darauf, dass sie bereits alles in sich haben, was nötig ist, um der zu werden, der sie sein möchten. Du jedoch, meine liebe Leserin, mein lieber Leser, hast jetzt erfahren, dass sich dein Vertrauen aus den »Selbst-Fähigkeiten« zusammensetzt, und diese kannst du trainieren. Du hast die Situation analysiert und bist dir selbst auf den Grund gegangen. Schöpfe aus der Erkenntnis Mut, dass Erfolg lernbar ist. Halte kurz inne, und schließe deine Augen. Gehe ganz in diese Erkenntnis hinein:

»Ich habe die Wahl, ich kann jederzeit mein Leben kreieren, ich will, ich gestalte.«

Nimm dir heute eine Auszeit, und gehe langsam und bewusst spazieren. Lausche deiner inneren Stimme. Was soll werden? Schreibe danach dein Ziel hier auf. Alles ist möglich, grenzenlos. Es spielt absolut keine Rolle, ob du an die Verwirklichung deines Ziels zum jetzigen Zeitpunkt hundertprozentig glaubst. Du stehst erst am Anfang deines Trainings.

Schreibe den nachfolgenden Zieltext so auf, als hättest du dein Ziel bereits erreicht. Notiere dir alles, was du gern hättest und was werden soll. Vermeide beim Schreiben Verneinungen und negative Aussagen, denn diese erinnern dich nur daran, was du nicht mehr möchtest. Denke und schreibe so, dass du dich beim Durchlesen immer wieder auf die Verwirklichung freust – das wird dich zusätzlich motivieren!

Dies ist mein Ziel. Das erreiche ich:

....

....

....

....

....

....

Schaue dir noch einmal die Skalen an, anhand derer du deinen Ist-Zustand eingeschätzt und festgehalten hast, und verschaffe dir einen Überblick, welche Fähigkeiten dir bisher fehlen und welche bereits sehr gut ausgebildet sind. Jetzt verstehst du mit Sicherheit besser, warum du in bestimmten Bereichen nicht weitergekommen bist.

Folgende Erkenntnis habe ich gewonnen:

....

....

....

....

....

....

....

Teil 3

Die Situation

Mit deinen Sinnesorganen nimmst du deine Umwelt wahr. Alles, was um dich herum geschieht, nimmst du auf, speicherst es, bewertest und vergleichst es mit dem, was du bereits erlebt hast. Mit einem felsenfesten Vertrauen, dass du alles, was du dir vorgenommen hast, auch erreichen kannst, ist das Leben um einiges einfacher. Anstatt vertrauensvoll und gelassen deinen erfolgreichen Weg zu gehen, kämpfst du womöglich noch gegen deine Ängste, diskutierst mit deinen Zweifeln und lässt dich von hinderlichen Überzeugungen zurückhalten. Ängste, Zweifel und negative Gedanken über dich selbst sind ununterbrochen bestrebt, dein Vertrauen zu zerstören. Lasse es nicht zu!

»So bin ich!«

Grundsätzlich sind alle Menschen mit Urvertrauen auf die Welt gekommen. Wahrnehmen, erforschen, Neues ausprobieren – das ist die Welt eines Kindes. Auf die Sinnesorgane treffen Umweltreize – eine enorme Informationsflut, die nie abbricht. Diese wird im Gehirn verarbeitet. Da es sich hierbei um eine Riesenmenge an Wahrnehmungen handelt, beginnt das Gehirn, bzw. unser Bewusstsein damit, zu ordnen, zu sortieren und zu filtern. Als erstes Auswahlkriterium unterscheidet dabei das Bewusstsein sehr schnell das Wichtige vom Unwichtigen. Als wichtig werden die häufigen Wahrnehmungen eingestuft und als Gewohnheit gespeichert. Den Speicherplatz dafür bietet dein Unterbewusstsein. Jedes Mal, wenn du über deine Sinnesorgane Umweltreize aufnimmst, entsteht in deinem Gehirn ein Gedanke, der diesen Umweltreiz definiert, beschreibt und mit dem bereits Erlebten vergleicht: »Kenne ich das? Wo, wie, wann habe ich es schon einmal erlebt?«

Jeder Gedanke, den das Unterbewusstsein speichert, lässt ein Gefühl entstehen, das zu diesem Gedanken passt. So nimmst du beispielsweise über dein Sinnesorgan Ohr Musik wahr. Dein Bewusstsein stellt unmittelbar fest: »Das ist Musik.« Darauf folgt eine Bewertung: »Das ist schöne Musik« oder »Das ist schrille Musik.« Dieser Gedanke löst ein angenehmes oder unangenehmes Gefühl aus. Jedes Gefühl ist also die Folge eines Gedankens. Ist der Umweltreiz sehr intensiv, löst er folglich intensive Gefühle aus. Ist die Musik beispielsweise nicht nur sehr schrill, sondern kommt auch noch plötzlich, stellt sich womöglich ein sehr starkes Gefühl ein, vielleicht Angst oder Panik. Diese starken Gefühle – ganz gleich ob positiv oder negativ – sind ein zweites Auswahlkriterium und werden im Unterbewusstsein tief verankert.

Je stärker du ein Gefühl erlebt hast, desto tiefer verankert es sich im Unterbewusstsein. Das Unterbewusstsein erinnert sich also insbesondere an Erfahrungen, die du wiederholt erlebt hast oder die in dir ein starkes Gefühl ausgelöst haben. Dieser Mechanismus entscheidet über dein Selbstvertrauen. Warum? Am Anfang seiner Entwicklung experimentiert das Kind, und es ist davon überzeugt, alles zu können.

Sehr bald werden seinem Verhalten Weichen gestellt – diese Weichen heißen Erziehung. So beginnt ein Prozess: Das Kind erhält Anweisungen, erfährt, was es darf und was nicht, und orientiert sich mithilfe der erhaltenen Rückmeldungen. Wiederholen sich immer die gleichen Anweisungen und Rückmeldungen, und werden sie zusätzlich mit starken Gefühlen erlebt, prägen sie sich tief in das Unterbewusstsein des Kindes ein. Aufgrund dieser Prägungen macht sich das Kind ein Bild von sich selbst, es bewertet sich und ist überzeugt: »Ich bin so.« Dieses »So bin ich« beschäftigt den Menschen ein Leben lang.

Erkenne, dass dieses »So bin ich« eine Prägung ist, eine Überzeugung, ein Ergebnis der Bewertungen, die du von außen erhalten hast und die deinem Erfolg oft im Wege stehen. Besonders dann, wenn du die Aussage mit einer negativen Eigenschaft verknüpfst: »Ich bin blöd, dumm, unbeliebt, komisch, schweigsam …« Durch diese Überzeugungen betrachtest und interpretierst du dein ganzes Leben. Für viele Menschen sind diese drei Worte in Stein gemeißelt. Ewig gültig. Das stimmt aber nicht. Wenn du dir den Erfolg nicht zutraust, wenn du an deine Fähigkeiten nicht glaubst, wenn du deine Meinung nicht äußerst, liegt das an deinen hinderlichen Überzeugungen.

Wie erhältst du Klarheit über deine Überzeugungen? Beobachte in nächster Zeit deine Gedanken und deine Selbstgespräche. Sprichst du lobend, anerkennend oder abwertend mit dir?

Meine Selbstgespräche verlaufen meistens so:

....

....

....

....

....

Wenn ich einen Fehler mache, denke ich wie folgt über mich:

....

....

....

....

....

Die Angst – ein machtvolles Gefühl

Angst ist einer der stärksten Gründe, warum Menschen das, was sie gern tun würden, nicht tun. Sie ist ein hinterlistiges Tier – wenn du ihm einmal Gehör und Beachtung schenkst, wird es wachsen und sich auf deine Kosten entfalten. Selbstverständlich gibt es die schützende und damit nützliche Angst, doch diese ist hier nicht das Thema. Im Folgenden geht es um Angst, die dein Selbstvertrauen auf Sparflamme hält.

Angst hat viele Gesichter, sie zeigt sich als Besorgnis, Verlegenheit, Nervosität, Unruhe oder Panik. Angst gilt dann als hindernd, wenn sie unangemessen groß ist, wenn sie latent vorhanden ist und dein Leben beeinflusst und kontrolliert.

Dein Erfolg hängt wesentlich davon ab, wie du mit deiner Angst umgehst. Je stärker dein Selbstvertrauen ist, desto weniger gibst du Ängsten nach – und umgekehrt: Je stärker deine Ängste sind, desto mehr solltest du an deinem Selbstvertrauen arbeiten.

Angst hat verschiedene Abstufungen und damit Intensitäten. Sie kann in jedem Bereich des Lebens auftauchen und verstärkt sich durch Gedankenspiralen. Sie ist eine subjektive Bewertung, liegt jedem Gefühlsausbruch zugrunde und verursacht unmittelbar Körperreaktionen.

Hier sind einige Beispiele dafür, wie Angst den Erfolg sabotiert:

› Du schaust einer Prüfung angstvoll entgegen und denkst, ein misslungener Abschluss ruiniere deine Zukunft. Diese Angst belastet dich bereits im Voraus.

› Du spielst in einem Orchester. Da du zu den Besten gehörst, wird dir eine Solopartie zugewiesen. Dieses Angebot schmeichelt dir, trotzdem weist du es zurück, da du Angst vor dem Soloauftritt hast. Dies zeigt deine Angst vor dem Versagen.

› Du sitzt in einem Meeting, und es wird rege diskutiert. Auch du möchtest etwas mit deinen Ideen zur Diskussion beitragen. Doch du sagst kein Wort. Du hast Angst, dass jemand deine Ideen dumm findet.

› Schon lange willst du dir ein Haus kaufen und hast bereits unzählige Hausbesichtigungen hinter dir. Du hast auch schon Häuser gefunden, die genau deinen Vorstellungen entsprechen. Doch gekauft hast du bisher noch keins. Du hast Angst, eine Entscheidung zu treffen.

› Du sitzt im Warteraum einer Zahnarztpraxis. Du hattest einen Termin um zehn Uhr, nun ist es fast elf. Dass man dich so lange warten lässt, ist für dich nicht in Ordnung. Du überlegst, ob du dich am Empfang bemerkbar machen sollst, bleibst jedoch sitzen – du hast Angst vor Konfrontation.

In jeder dieser Beispielsituationen hättest du im Grunde deines Herzens gern etwas erreicht: Einen Beitrag in einer Diskussion, einen Hauskauf, einen Bühnenauftritt, gern wärst du für dich eingestanden. Aus Angst vor dem Scheitern hast du es nicht getan. Du bist innerlich zerrissen und leidest, weil du genau weißt: »Ich bin ausgewichen.«

Schreibe deine eigene Geschichte auf: Was hast du aus Angst vor Misserfolg nicht getan, welche Wünsche hast du wegen deiner Angst begraben?

....

....

....

....

....

....

....

....

....

....

Welche Gefühle sind dabei in dir aufgekommen?

....

....

....

....

....

....

Angst zeigt sich nicht immer als das, was sie ist. Sie kann sich in verschiedenen Charaktereigenschaften verstecken und dabei den Anschein einer Schutzfunktion annehmen. So nimmt sich der Schüchterne selbst als überaus höflich und unaufdringlich wahr. Doch in Wirklichkeit macht ihm jede Begegnung Angst. Bescheidenheit wird als Tugend gelebt. Vermeintlich bescheidene Menschen heben gern hervor, dass sie nicht im Vordergrund stehen wollen. Hinter dieser Bescheidenheit steht die Angst, hervorzutreten und den Blicken anderer ausgesetzt zu sein. Ein pedantischer Mensch, der alle Arbeiten mit äußerster Präzision verrichtet, bezeichnet sein Verhalten als Perfektionismus und ist stolz darauf. Doch im Grunde hat er Angst, Fehler zu machen. Und überbeschäftigte Menschen sind ständig in Bewegung, klagen über die Menge ihrer Verpflichtungen und verändern doch nichts. Hier geht es um die Angst, stehen zu bleiben und sich selbst zu spüren, einmal mit dem »Nichts« konfrontiert zu sein.

Aus Angst vor etwas behaupten viele gern, dass sie keine Zeit für die Realisierung ihrer Ziele hätten, dass jetzt noch nicht der richtige Zeitpunkt sei, dass ihnen die richtigen Informationen fehlten … Doch das sind alles Vorwände. Durchschaue deine Ausflüchte, denn sie sind die Bremsen auf deinem Weg zum Erfolg. Finde dich niemals damit ab, etwas nicht gemacht zu haben, nur weil du Angst davor hattest.

Diese Ausflüchte verwende ich, um Situationen, die mir Angst machen, auszuweichen:

....

....

....

Ich beschließe jetzt endgültig, an dieser Stelle meines Lebens soll die Angst weichen:

....

....

Diese Sätze nicht nur durchzulesen, sondern deine eigene Situation hier direkt in deinem Begleiter zu beschreiben, ist sehr wichtig. Bereits damit beginnt in deinem Innern eine Veränderung. Oft wird eine Angst verdrängt und die angsterregende Situation vor sich hergeschoben. Jetzt hört das Verdrängen auf, jetzt beginnt der Veränderungsprozess. Der erste Schritt ist getan. Spüre in dich hinein – du wirst nun eine wichtige Erfahrung machen: Bereits dieser erste Schritt hat deine Angst verringert.

Genau diese Erfahrung machte ein Löwe, der im Wald jagte und spielte, bis er müde und durstig war. Auf der Suche nach Wasser kam er zu einem Teich und streckte seinen Kopf über das Wasser. Auf der spiegelglatten Oberfläche sah er plötzlich sein eigenes Abbild und dachte, es sei ein anderer Löwe. »Ich muss vorsichtig sein«, dachte er, »dieser Teich gehört einem anderen.« So schlich er angstvoll davon.

Doch der Durst trieb ihn bald erneut an den Teich. Und wieder erblickte er auf der Wasseroberfläche einen furchterregenden Löwenkopf. »Diesmal lasse ich mich nicht vertreiben«, beschloss der Löwe, riss sein Maul auf und brüllte furchterregend, um den anderen Löwen zu verjagen. Doch der andere riss ebenfalls sein Maul auf. Das erschreckte den Löwen sehr, und er flüchtete in den Wald. Einige Zeit verstrich, der Löwe war durstig und verzweifelt.

Da sagte er zu sich selbst: »Löwe hin, Löwe her, ich werde von diesem Wasser trinken.« Er ging zum Teich, und da geschah etwas Eigenartiges. Als der Löwe sein Gesicht ins Wasser tauchte, war der andere Löwe verschwunden.

So, wie der Löwe seinem Spiegelbild ausgewichen ist, bist du Situationen oder Begegnungen ausgewichen und fühltest dich gar nicht gut dabei. Das Ausweichen hat dich geschwächt und deinen »Gegner« gestärkt.

Diesen Menschen weiche ich aus, weil ich eine Konfrontation vermeiden will:

....

....

Wenn Angst sichtbar wird

Die Angst fährt doppelspurig. Zu der Angst vor schwierigen Situationen kommt die Angst hinzu, dass anderen die eigene Angst auffällt. Leider gibt es viele äußere Merkmale der Angst. Wer mit zitternder Stimme spricht, hat bereits das Gefühl, sich zu blamieren. So beginnt ein Kreislauf, der sich selbst verstärkt. Weil du befürchtest, dass äußere Signale deine Angst verraten, wirst du dich vor bevorstehenden Situationen noch mehr fürchten.

Wer Erfolg haben will, muss sich mit diesen äußeren Angstsignalen beschäftigen. Sobald du nur ein klein wenig deine Angst und deine äußeren Signale in den Griff bekommst, wird dein Vertrauen wachsen. Auf diesem kleinen Fortschritt baust du auf. Wer durch seine Persönlichkeit überzeugt, hat es auf der Erfolgsleiter einfacher. Setze dich daher gut in Szene, lenke positive Aufmerksamkeit auf dich, im Privatleben, im Vereinsleben, in der Schule und erst recht im Berufsleben. Dein persönlicher Eindruck zählt.

Typische Angstsignale sind allgemeine Reizbarkeit und Überempfindlichkeit, Händezittern und Herzrasen, Veränderung des Atemrhythmus, Hyperventilation, das Anhalten des Atems, Veränderung der Magen- und Darmtätigkeit, ein »Stein im Magen«, ein »Kloß im Hals«, Erröten, Schweißausbrüche, zu schnelles Sprechen, Sich-Verhaspeln, unnatürliches und aufdringliches Lachen, fahrige und abgehackte

Körperbewegungen, den Blick zu Boden zu richten, schnelle Augenbewegungen oder sich klein, unsichtbar zu machen.

So verrät mein Körper meine Angst:

....

....

....

Diese Person bewundere ich aufgrund ihres selbstsicheren Auftretens. Besonders beeindruckt mich an ihr:

....

....

....

Weg von der Angst – hin zum Vertrauen

Mache dir keine Vorwürfe, weil du Angst hast. Angst zu haben, ist nicht automatisch mit Schwäche gleichzusetzen. Vielmehr heißt es, dass Veränderung notwendig ist. Jedes Mal, wenn du deine Angst überwindest, hast du allen Grund, dich zu beglückwünschen und dich bei dir selbst und deinem Vertrauen in dich zu bedanken. Dein Vertrauen ist eine Schatzkiste, in die du geduldig Erfahrung um Erfahrung hineinlegst. Dein Vertrauen wächst, wenn du positive, unterstützende Erfahrungen sammelst. Diese Erfahrungen beweisen dir, dass du gute Ergebnisse erzielen kannst.

Nachfolgend erhältst du Vorübungen, um dich mit den mentalen Techniken vertraut zu machen, die du später in deinem 21-Tage-Programm am Beispiel deiner eigenen Lebenssituation einsetzen wirst. Hast du ein konkretes Ziel, eine konkrete Situation vor Augen, macht das Üben mehr Sinn, und du erzielst greifbare Erfolge.

ÜBUNG: »Angst, jetzt habe ich keine Zeit!«

Diskutiere nicht mit deiner Angst, und verhandle nicht mit ihr. Schließe deine Augen, und stelle dir vor, deine Angst sei dein Spiegelbild auf der Oberfläche eines glasklaren Sees. Beuge dich zum Wasser, blicke dein Spiegelbild an, und lächle ihm zu. Sprich mit lauter, entschiedener Stimme: »Angst, jetzt habe ich keine Zeit für dich.« Gehe dann weg, und genieße das Weggehen.

Erweitere diese Übung, indem du dich vor einen Spiegel stellst und dir dabei direkt in die Augen schaust. Sprich mit entschiedener Stimme: »Angst, jetzt habe ich keine Zeit für dich.« Diese Übung lässt sich überall machen, in der Schule, am Arbeitsplatz, auf einer Party, vor einem Auftritt.

ÜBUNG: Angstgedanken ersetzen

Du bist ununterbrochen am Denken. Dabei hast du die Möglichkeit, deine Gedanken zu kontrollieren. In einer Angstsituation fällt diese Kontrolle jedoch meist schwer – die Gedanken kreisen, es sind heimtückische »Was wäre wenn?«-Gedanken. Das Denken an sich kannst du nicht verhindern, du kannst zerstörerische Gedanken aber durch aufbauende und unterstützende ersetzen. Das ist eine Lebensaufgabe, ein lebenslanges Training. Nimm dir ein aktuelles Beispiel aus deinem Leben: Welche Situation, welche Begegnung steht bevor und macht dir Angst?

Schreibe auf, was alles misslingen könnte:

....

....

....

Jetzt ersetze deine negativen Gedanken. Schreibe mit Begeisterung deine Geschichte neu, und formuliere sie zu einer Erfolgs-Story um, genau so, wie du sie gern hättest:

....

....

....

....

....

....

Lies dir vor dem Einschlafen und am Morgen nach dem Aufstehen deine Erfolgsgeschichte durch. Bearbeite von nun an jede Situation, die in deinem Leben bevorsteht und dich ängstigt, auf diese Weise.

ÜBUNG: Gedanken steuern

Deine Gedanken sind vergleichbar mit einem Auto. Lässt du während des Fahrens das Lenkrad los, wird das Auto bald in den Graben abrutschen. Genauso verhält es sich mit deinen Gedanken. Wenn du dein Gedankensteuer loslässt, rutschen deine Gedanken in den Sorgengraben. Sei deshalb sehr aufmerksam, und gehe folgendermaßen vor, wenn sich Angstgedanken melden:

› Sage energisch und laut: »STOPP! Angst, jetzt habe ich keine Zeit für dich.«
› Wiederhole laut deine oben geschriebene Erfolgs-Story. Im besten Fall kannst du sie bereits auswendig.
› Führe ein Gespräch mit deinem Unterbewusstsein, indem du den entscheidenden Gedanken deiner Erfolgs-

Story neu formulierst und beständig wiederholst. Dieser könnte folgendermaßen heißen: »Ich vertraue darauf, dass ich mich im entscheidenden Moment vollkommen konzentriere«, »Ich vertraue darauf, dass ich gesund an meinem Ferienort ankomme«, »Ich vertraue darauf, dass ich mit fester Stimme spreche«, »Ich vertraue darauf, dass ich mich für einen guten Hauskauf entscheide.« Formuliere deinen unterstützenden Satz, der genau zu deiner Situation passt.

Ich vertraue darauf, dass:

....

....

....

Achte auf eine einfache Wortwahl. Der Satz soll präzise deine Absicht treffen und beginnt immer mit: »Ich vertraue, dass …« Du kannst auch mehrere Sätze bilden. Du kannst deine ganze Erfolgsgeschichte in einzelne »Ich vertraue, dass …«-Sätze verpacken. Es spielt keine Rolle, ob du diese Sätze heute schon glaubst oder nicht. Du sprichst sie ja gerade deshalb aus, weil du dich noch unsicher fühlst. Diese »Ich vertraue, dass …«-Sätze unterbrechen vorerst deine Negativspirale, bringen dein gesamtes Denken in eine positive Bahn und wirken sich auf dein ganzes Nervensystem beruhigend aus.

Ein Blumenstrauß der Gefühle

Fragt dich jemand: »Wie geht es dir?«, so antwortest du vermutlich in den meisten Fällen mit einem knappen: »Gut.« Was denkst und fühlst du wirklich, wenn du dieses Wort aussprichst? Wenn es um Gefühle geht, beschränken sich viele auf »gut« oder »schlecht«, »es geht so« oder »nicht schlecht«. Begnüge dich nicht mit diesen langweiligen

Floskeln. Erweitere deine Welt mit positiven Emotionen, denn der Blumenstrauß der Gefühle ist bunt! Sei dir bewusst, du denkst genauso, wie du sprichst. Mit einem »Gut«-, »Es geht so«- oder »Nicht schlecht«-Denken kommst du nicht weit. Für deinen Erfolgsweg ist »gut« zu wenig. Etwas mehr Begeisterung ist schon erforderlich. Antworte das nächste Mal so: »Mir geht es ganz toll. Mir geht es hervorragend. Mir geht es jeden Tag besser. Ich bin glücklich. Ich bin begeistert. Ich freue mich.« Was bewirken diese Aussagen in dir? – Dass es dir augenblicklich besser geht. Mit folgenden Übungen erweiterst du dein Gefühlsrepertoire.

Schreibe mindestens fünf Gefühle auf, die du am Tag erlebst:

....

....

Wenn dich heute jemand fragt, wie es dir geht, ersetze »gut« mit folgendem aufbauendem Begriff oder Satz:

....

....

....

Lies dir folgende Aufzählung von Gefühlsattributen genau durch, und lasse sie kurz auf dich wirken. Kreise jene Eigenschaften ein, die bisher zu deinem Denken und Sprechen gehört haben.

motiviert	begeistert	überzeugt	erleichtert
energievoll	fröhlich	aufgeregt	standfest
glücklich	einnehmend	toll	charismatisch
traumhaft	überschäumend	warm	herzlich
erwartungsvoll	vertraut	erfolgreich	stark
geduldig	geborgen	unbeugsam	zielbewusst
diszipliniert	mutig	wirkungsvoll	prächtig
gewinnend			

Meinen Wortschatz werde ich mit folgenden Begriffen erweitern:

....

....

Der Zweifel – bester Freund des Bewusstseins

Der Zweifel mit seinen endlosen Gedankenschleifen ist der beste Freund deines Bewusstseins und ein arger Feind deines Selbstvertrauens. Auch hier gilt: Diskutiere niemals mit deinem Zweifel. Einerseits ist das eine Zeitverschwendung, weil du nicht vom Fleck kommen wirst. Andererseits untergräbt der Zweifel dein Selbstvertrauen. Beginnst du zu diskutieren, hast du bereits verloren.

»Sein oder nicht sein«,
denkt Hamlet im entscheidenden Moment.
Er denkt nach und handelt nicht.
»Soll ich oder soll ich nicht«,
diskutierst du mit deinem Zweifel – handelst du?

Den Zweifel kennst du bestimmt bestens. In einfachen Situationen misst du ihm nicht viel Bedeutung bei: »Heute habe ich Lust auf eine Pizza. Soll ich in der Pizzeria um die Ecke essen gehen? Oder doch lieber selbst kochen? Ich glaube, Pizza ist doch gar nicht so gesund. Habe ich heute wirklich Lust zu kochen?« Du stehst da und diskutierst endlos mit dir selbst. Wenn du nicht energisch »STOPP, jetzt entscheide ich mich« sagst, bleibst du an diesem Abend ohne Essen. Dein Zweifel lähmt dein Handeln. Deine Unentschlossenheit raubt dir Zeit und schwächt dich mental. Auf der Skala deines Selbstvertrauens geht es somit in den Minusbereich.

Ein weiteres Beispiel: Stelle dir vor, du liest dieses Übungsbuch in der Absicht, als Teamleiter deinen Auftritt in deinem Unternehmen zu optimieren. In diesem Zusammenhang beschäftigt dich ein Firmenanlass, auch wenn es bis zu diesem noch etwas hin ist. Grundsätzlich nimmst du dir vor, die beschriebenen Übungen nach Vorschrift zu erledigen. Darüber hinaus willst du bei jeder erdenklichen Gelegenheit deine Redesicherheit trainieren, bei jeder Familienfeier, im Verein, jede noch so kleine öffentliche Veranstaltung soll dir als Übungsfläche dienen. Die erste Gelegenheit, deinen Plan umzusetzen, kommt schon bald: eine Familienfeier. Du überlegst: »Soll wirklich ich derjenige sein, der das Familienfest mit einer Begrüßung eröffnet? – Warum sollte ich? – Dann könnte ich trainieren. – Das muss aber noch nicht jetzt sein. – Der Auftritt täte mir gut. – Nur zuhören wäre aber bequemer. – Gut, ich will. – Nein, ich will nicht, diesen Abend will ich genießen. – Also gut, wenn es sonst niemand macht, werde ich dann schnell einige Worte finden.« In diesem Moment hast du das Spiel bereits verloren. Warum? Wenn du an diesem Abend die Begrüßung nicht machst, weißt du ganz genau, dass du dich davor gedrückt hast. Das gibt auf deiner Skala des Selbstvertrauens einen Minuspunkt. Wenn du auf den letzten Drücker noch einige Worte zusammensuchst, wirst du sehr unvorbereitet sein und unsicher wirken. Das gibt ebenfalls einen Minuspunkt. Ist der Abend vorbei, überkommen dich das Elend und das Gefühl, versagt zu haben. Das ergibt auf der Skala des Selbstvertrauens noch zwei zusätzliche Minuspunkte.

Doch keine Sorge, der Zweifel ist nicht unbesiegbar …

Weg vom Zweifel – hin zum Vertrauen

Der Zweifel macht eine Entscheidung schwierig oder unmöglich. Wenn du zweifelst, kommst du im Handeln nicht weiter. Warum? Weil du deine Unentschlossenheit kennst, fürchtest du dich schon im Voraus vor Situationen, die eine Entscheidung erfordern. Du weißt, dass du zögern wirst, dass du Angst vor einer Entscheidung hast. Du traust dir eine Entscheidung nicht zu und überlässt sie anderen. Diese »Entscheidungsschwäche« macht Erfolg unmöglich. Um dein Selbstvertrauen zu stärken, musst du lernen, dich zu entscheiden und zu handeln.

In diesen Situationen bin ich besonders zögerlich:

....

....

....

....

Wenn ich zögere und zweifle, fühle ich mich:

....

....

....

....

ÜBUNG: Den Zweifel besiegen

› Stelle dir deinen Zweifel vor – als einen Gegenstand, ein Tier oder eine Person. Sprich streng mit deinem Zweifel, und sage laut und energisch: »Zweifel, jetzt habe ich keine Zeit für dich.«
› Setze den Zweifel auf einen Stuhl, und gehe davon.
› Musst du eine Entscheidung treffen, gib dir eine Zeitspanne.
› Verpflichte dich, in dieser Zeitspanne eine Entscheidung zu treffen und zu handeln.
› Treibe dich mit motivierenden Worten zum Handeln: »Los jetzt«, »Alle Kraft voraus«, »Jetzt oder nie«, »Kopf hoch«, »Vorwärts!«
› Schlage mit der Faust der rechten Hand in die Handfläche der linken Hand und rufe: »Jawohl, ich entscheide mich!«

Viele Menschen können sich nicht entscheiden, weil sie keine falsche, sondern genau die richtige Entscheidung treffen wollen. Doch ob eine Entscheidung richtig oder falsch ist, stellt sich oft erst viel später heraus. Für dein Selbstvertrauen ist es wichtig, dass du dich überhaupt entscheidest. Höre in dich hinein, und spüre, was sich richtig und was sich falsch anfühlt.

ÜBUNG: In sich hineinhören

Setze dich an einen ruhigen Ort, an dem du nicht gestört wirst. Schließe deine Augen, und richte deine Konzentration nach innen. Lege beide Hände auf deinen Unterbauch, und konzentriere dich auf den Bereich unter deinen Handflächen. Denke an eine Situation, die eine Entscheidung erfordert. Halte dir die erste Lösungsmöglichkeit vor Augen. Wie fühlt sie sich an? Lasse dir Zeit.

Denke dann an die zweite Lösungsmöglichkeit. Wie fühlt sich diese an? Jede Lösungsmöglichkeit hat eine eigene Qualität. Nimm diese wahr. Entscheide dich für die Möglichkeit, die sich besser anfühlt. Vertraue deiner Entscheidung, und bleibe dabei. Sage laut: »Ich vertraue mir, dass meine Entscheidung zum jetzigen Zeitpunkt richtig ist.« JETZT HANDELST DU.

Lobe dich, klopfe dir auf die Schulter, und genieße deine Entscheidungskraft. Auf deiner Vertrauensskala ergibt dies Pluspunkte.

Der Filter der Überzeugungen

Nun gibt es den Zweifel, der nicht an deiner Handlung rüttelt, sondern deine Person infrage stellt. Dieser meldet sich als eine innere Stimme: »Bist du sicher, dass du das kannst? Bist du dazu nicht zu dumm?« Das sind deine Überzeugungen, die zu dir sprechen. Wie sie entstanden sind, hast du bereits erfahren. Doch was sind Überzeugungen?

Deine innere Stimme sagt dir, wie du über dich selbst denkst. Ob gut oder weniger gut, beeinflusst dein Selbstvertrauen entscheidend. Überzeugungen wie »Ich bin unbeliebt« schwächen dein Selbstvertrauen, und du wirst dich in vielen Situationen unsicher fühlen. Denkst du hingegen: »Die Menschen mögen mich«, wird dies deine Ausstrahlung positiv beeinflussen, und dein Auftritt wird selbstsicher sein. Deine Überzeugungen bewahrheiten sich immer. Das liegt daran, dass du den Verlauf der Ereignisse steuerst. Du trägst mit deinem Verhalten dazu bei, dass es so kommt, wie du es gemäß deinen Überzeugungen erwartet hast.

Hier ein Beispiel, wie Überzeugungen zu einer sich selbst erfüllenden Prophezeiung werden. Deine Überzeugung heißt: »Niemand sieht mich.« An deinem Arbeitsplatz fühlst du dich übergangen und »nicht gesehen«. Nun findet ein Geschäftstreffen statt. Dein Unterbewusstsein sorgt mit fast unmerklichen Botschaften und Signalen an deine Mitmenschen dafür, dass du tatsächlich unscheinbar wirkst und »ungesehen« bleibst. Dies beginnt schon bei der Auswahl des Outfits für den Abend. »Nichts Auffälliges, sonst starren mich alle an«, denkst du und wählst mäuschengrau und unscheinbar. Und tatsächlich: Am betreffenden Abend nimmt dich niemand wahr, niemand schaut zweimal hin, du bist da und doch nicht da. Auch deine Ausstrahlung ist unsichtbar, schüchtern gehst du mit deinem Glas mal zu dieser, mal zu jener Gruppe, hörst zu, sagst aber selbst nichts. Du denkst: »Man muss doch nicht immer zu den Lauten gehören!« In diesem Sinn läuft der Abend weiter. Zu Hause denkst du: »Niemand hat mich wahrgenommen.« Das stimmt, aber du hast auch dafür gesorgt, dass es so eingetreten ist.

Wenn es dir an Selbstvertrauen mangelt, dann sind meist Selbstbewertungen verantwortlich. Diese musst du erkennen und hinterfragen. Sie laufen bereits automatisch ab. »Niemand sieht mich«, denkst du nur, weil du es schon vielfach gedacht hast und es zu deiner Denkgewohnheit geworden ist.

Nachfolgend erhältst du Platz für deine Selbstbewertungen. Überlege und erwäge nicht lange, schreibe sie spontan auf. Deine Einträge helfen dir, mehr Klarheit über dich selbst zu gewinnen.

Wenn ich mich im Spiegel betrachte, denke ich:

....

....

In Gesellschaft fremder Menschen fühle ich mich:

....

....

....

Stehe ich vor einer schwierigen Aufgabe, dann denke ich in der Regel:

....

....

Schreibe fünf Aussagen über dich. Jede beginnt mit »Ich bin …«:

....

....

....

Nun hast du deine Überzeugungen über dich selbst aufgeschrieben. Hinterfrage im nächsten Schritt diese Überzeugungen, indem du sie in Fragen umformulierst. Beginne so:

Stimmt es wirklich, dass ich …

Stimmt es wirklich, dass ich …

Stimmt es wirklich, dass ich …

Jetzt erinnere dich zurück. Finde Beweise, die deine negativen Überzeugungen widerlegen. Wann und wo warst du schon einmal erfolgreich, mutig, selbstsicher? Schreibe jede kleine Erinnerung auf:

Lies dir deine positiven Erinnerungen durch. Freue dich darüber, dass es bereits Situationen gegeben hat, in denen du erfolgreich warst.

Weg von negativen Überzeugungen – hin zum Vertrauen

Um Schritt für Schritt das Vertrauen in dich selbst zu stärken, werden die zerstörerischen Überzeugungen ersetzt – nicht verdrängt oder verboten, nur ersetzt. Du brauchst eine neue Überzeugung, eine neue und unterstützende Selbsteinschätzung. Die bisherige negative gilt nicht mehr.

Dass du Gedanken steuern kannst, indem du »STOPP!« sagst, hast du bereits gelernt. Dass Überzeugungen nur Gedankengewohnheiten sind, weißt du. Jetzt formulierst du deine Überzeugungen neu und positiv. Als Hilfe erhältst du hier eine Auswahl. Welche Überzeugungen fühlen sich gut für dich an? Markiere sie, und lies sie dir mehrmals durch. Im fünften Teil, deinem Trainingsprogramm, wirst du diese neuen Überzeugungen wieder aufnehmen.

- »Von Tag zu Tag wächst mein Vertrauen in mich selbst und in mein Leben.«
- »Ich vertraue meinen Fähigkeiten, und ich weiß, dass ich mein Ziel erreiche.«
- »Mit gutem Gefühl gehe ich durch den heutigen Tag.«
- »Ich nehme mein Leben jetzt selbst in die Hand. Kraftvoll schaffe ich Ordnung in allen meinen Lebensbereichen.«
- »Ich bedanke mich für alles Gute, was schon da ist, und für alles Gute, was noch kommen wird.«

- »Von Tag zu Tag werde ich erfolgreicher.«
- »Ich lebe in vollkommener Harmonie mit mir selbst, voller Selbstvertrauen und Glück.«
- »Alles, was ich tue, führt mich zum Erfolg.«

ÜBUNG: Dein Erfolgsstern

Jeder Mensch besitzt unzählige Fähigkeiten. Weil er im Laufe seines Lebens verschiedene Erfahrungen gemacht hat, beeinflusst wird, etwas an sich auszusetzen hat oder von anderen kritisiert wird, verliert er die Wahrnehmung für die eigene Qualität.

Hier erhältst du eine Auswahl an Erfolgseigenschaften, die deine Wahrnehmung für deine Fähigkeiten sensibilisiert. Markiere fünf Erfolgseigenschaften, die du bereits hast, und fünf, die du nicht hast, aber gern hättest:

intelligent	mutig	empathisch	liebevoll
vertrauensvoll	willensstark	diszipliniert	energievoll
neugierig	freudvoll	beharrlich	geistreich
motiviert	ideenreich	unbeugsam	stark
kreativ	selbstsicher	humorvoll	gewinnend
überzeugend	fokussiert	redegewandt	offen
unterhaltsam	leidenschaftlich		

Folgende fünf Eigenschaften will ich erwerben:

....

....

....

Hier erhältst du einen Stern mit fünf Strahlen. Schreibe in die Sternstrahlen im Uhrzeigersinn folgende Worte: Ich denke – Ich spreche – Ich sehe mich – Ich handle – Ich

BIN! Schreibe in die Mitte des Sterns deine fünf Eigenschaften, die du ausgewählt hast und gern hättest.

Dies ist dein Erfolgsstern:

Sprich nun deine erste Eigenschaft, die du gewählt hast, im Uhrzeigersinn aus, indem du mit dem Sternstrahl »Ich denke« beginnst. Angenommen, du hast dich für die Eigenschaft willensstark entschieden, sprich laut: »Ich denke willensstark« – »Ich spreche willensstark« – »Ich sehe mich willensstark« – »Ich handle willensstark« – »Ich BIN willensstark!« Verfahre anschließend genauso mit der nächsten Eigenschaft. Mache mit deinen fünf Eigenschaften jeweils einen Durchgang.

Was hat diese Übung in dir ausgelöst?
Wie fühlst du dich jetzt?

Mache täglich deine fünf Durchgänge mit deinen ausgewählten Eigenschaften.

Das innere Gespräch

Deine Überzeugungen offenbaren sich auch in deinen Selbstgesprächen, die du ununterbrochen mit dir in deinem Innern führst. Oft übernimmt deine innere Stimme die Rolle des »inneren Kritikers«, dem du es nie recht machen kannst. Wie du während einer Stresssituation mit dir sprichst, bestimmt über deinen Erfolg oder Misserfolg. Erfolgreiche Menschen führen anspornende und konstruktive Selbstgespräche. Hier je ein Beispiel für ein negatives und ein positives Selbstgespräch im Rahmen eines sportlichen Wettkampfs:

Negativ: »Jetzt kommt der steile Anstieg. Hoffentlich hängt mich der Vordermann nicht ab.«
Positiv: »Jetzt kommt der steile Anstieg. Da habe ich meine Chance zum Angriff.«

Konzentriere dich nun auf die dir bevorstehende Situation. Welche Selbstgespräche hast du in ähnlichen bisherigen Situationen geführt?

Formuliere nun freundliche und stärkende Aussagen für deine persönliche Situation. Hier sind ein paar Beispiele für unterstützende Selbstgespräche während einer Stresssituation:

› »Selbstsicher betrete ich den Besprechungsraum.«
› »Entspannt gehe ich an meinen Platz.«
› »Ich spreche langsam, mit klarer Stimme.«

Von nun an achte ich auf meine Selbstgespräche und verwende Worte der Sicherheit und Zuversicht. Mit diesen Sätzen will ich mich von nun an unterstützen:

....

....

....

....

....

....

....

....

Imagination

Deine Überzeugungen steuern nicht nur über deine Gedanken und über deine Selbstgespräche dein Leben, sondern auch über deine inneren Bilder. Die Imagination ist deine bildliche Vorstellungskraft und Fähigkeit, jeden Gedanken, jeden Begriff, den du hörst oder liest, in ein Bild zu wandeln. Und so stellt sich wieder die Frage: Wie siehst du dich in einer Situation? Siehst du dich gewinnen oder scheitern? Je klarer du deinen Veränderungswunsch, dein Ziel vor deinem geistigen Auge siehst, desto stärker wird dein Vertrauen, dass du diesen Zustand auch wirklich erreichst. Folgende Übungen helfen dir, deine Vorstellungskraft Schritt für Schritt zu entwickeln:

ÜBUNG: Vorstellung von Farben, Gegenständen und Handlungsabläufen

Schließe deine Augen, und stelle dir zunächst einfache Gegenstände vor, die eine ganz typische Farbe haben – eine gelbe Zitrone, eine rote Tomate, eine grüne Wiese, weißen Schnee, das blaue Meer, einen schwarzen Autoreifen … Wähle danach farblich unterschiedliche Gegenstände, die du ebenfalls gut kennst, wie eine Schere, einen Bleistift, eine Flasche Wasser. Wenn das bereits gut funktioniert, dehne deine Vorstellungskraft auf die Beschaffenheit und den Geruch eines Gegenstandes aus: Wie fühlt sich die Oberfläche eines Apfels an? Wie fühlt sich Watte an? Wie riecht gebratener Speck? Tauche ganz ein in diese Eigenschaften der Gegenstände.

Stelle dir nun vor, wie du verschiedene Bewegungen und Handlungen ausführst. Schaue genau hin, wie du vor deinem inneren Auge am Morgen aufstehst, wie du dein Haustier fütterst oder deine Kinder zur Schule bringst, wie du in den Bus einsteigst … Damit du schneller Fortschritte machst, nimm dir vor, grundsätzlich alles, was du erlebt hast, in deiner Vorstellung noch einmal »nachzuerleben«.

Vor deinem inneren Auge kannst du dich durch Imagination als erfolgreich sehen. Das stärkt dein Vertrauen, dein Ziel zu erreichen. Das steuert wiederum dein Verhalten, sodass du das, was du dir vorstellst, auch wirklich erreichst. Dein Vertrauen erschafft Realität. Mache es dir zur Gewohnheit, jede Situation deines Erfolgsweges vor deinem inneren Auge »vorzuerleben« – dadurch nimmst du deinen Erfolg bereits »in Besitz«.

In der folgenden Übung wendest du dein bisheriges Wissen konkret an, um eine Situation im Voraus angstfrei zu erleben.

ÜBUNG: Mission »Erfolgsimagination«

- Nimm deine Erfolgsgeschichte, die du bereits aufgeschrieben hast, zur Hand.[2]
- Lies dir deine »Ich vertraue, dass …«-Sätze durch, am besten lernst du sie auswendig.[3]
- Schließe deine Augen, und stelle dir jede Bewegung, jeden Augenblick deines Vorhabens vor.
- Sprich laut deine »Ich vertraue darauf, dass …«-Sätze.
- Mache diese Übung zunächst einige Tage jeweils vor dem Schlafengehen und nach dem Aufstehen. Gehe anschließend dazu über, auch während des Tages deine künftige Situationen mit offenen Augen zu visualisieren – immer, wenn du gerade Zeit hast, z. B. während einer Zugfahrt, während eines Spaziergangs, während du das Geschirr aufräumst.

Zusammengefasst sind dies die drei Schritte zur Verwirklichung deines Erfolgs:

1. Du weißt genau, was du erreichen willst.
2. Du schreibst dein Ziel nach obigem Muster auf.
3. Du visualisierst jede Bewegung, jedes Detail.

Dies wird dein Leben vollkommen verändern. Du wirst eine wunderbare Erfahrung machen: Tritt die schwierige Situation ein, wirst du dich so verhalten, wie du es in deiner Vorstellung vorbereitet und trainiert hast. Erfolgreiche Menschen gehen immer vorbereitet in eine

2 Siehe Kapitel »Weg von der Angst – hin zum Vertrauen«, Übung: Angstgedanken ersetzen, S. 51.
3 Siehe Kapitel »Weg von der Angst – hin zum Vertrauen«, Übung: Gedanken steuern, S. 52.

Situation. Werde nicht bequem, wenn es so richtig gut läuft. Diese Bequemlichkeit wird für negative Überraschungen sorgen.

Erfolgreiche Menschen überlassen nichts dem Zufall.

Ein reicher Mann, der Katzen liebte, bat einen berühmten Maler um ein Katzenbild. Der Maler war einverstanden und bat den Mann, in drei Monaten wiederzukommen. Der Mann tat, wie ihm geheißen, wurde aber immer wieder weggeschickt, bis ein Jahr vergangen war.

Auf die letzte verzweifelte Bitte des Mannes zog der Maler schließlich einen Pinsel hervor und zeichnete ihm mit Anmut und Leichtigkeit in einem einzigen Strich eine Katze auf die Leinwand. Das war das wunderbarste Bild, das der Mann je gesehen hatte. Erst staunte er, dann wurde er wütend. »Du hast bloß dreißig Sekunden gebraucht, um diese Katze zu zeichnen! Warum hast du mich dann ein Jahr warten lassen?«, fragte er. Wortlos öffnete der Maler seinen Schrank – heraus fielen Tausende von Katzenzeichnungen.

Jede hervorragende Leistung ist das Ergebnis von Zeit und Übung. Übereile niemals etwas, aber bleibe stets dran.

Teil 4

Von innen nach AUSSEN

Weißt du, wie eine Perle entsteht? Sie entsteht dadurch, dass ein Fremdkörper in eine Muschel eindringt. Diese schützt sich, indem sie den Fremdkörper mit einer glatten Schicht umhüllt. Diese Schutzschicht wird zu einer schönen Perle. So entwickelt sich aus etwas Störendem etwas Wunderschönes. Genau diesen Weg bist du bereits ein Stück weit gegangen – vom Mangel ausgehend, der dich gestört hatte, dem gefestigten Selbstvertrauen entgegen. Auf diesem Weg hast du bereits Perlen entwickelt. So, wie die Perle im Kleinen zu wachsen beginnt, beginnt auch deine positive Veränderung im Kleinen und wird mit der Zeit immer größer.

Bisher hast du viel über dich selbst erfahren: Wie du denkst, wie du fühlst und wie du dich verhältst. Das soll auch deine wichtigste Aufgabe bleiben: das eigene Verhalten, die eigenen Gedanken und Gefühle zu beobachten. Anschließend werden sie geprüft und – wenn notwendig – verändert.

Der Mensch führt sich Nahrung zu, um zu leben und zu gedeihen. Wenn er sich gesund und kraftvoll ernährt, wird auch sein Körper gesund und kraftvoll sein. Bisher hast du hier viel über die »geistige Nahrung« erfahren, über deine Gedanken und Gefühle. Wenn diese dir Kraft geben, kannst du mit einem starken Selbstvertrauen durch dein Leben gehen.

In diesem vierten Teil deines Begleiters wirst du den Schritt nach außen wagen. Nimm dir einen Augenblick lang Zeit für eine Visualisierung: Steige in Gedanken aus deinem Körper aus, und beobachte dich selbst, wie du atmest, wie du sitzt … Schaue dir deine Körperhaltung und deinen Gesichtsausdruck gut an: Wo befinden sich deine Hände, lächelst du? Wenn du dich genau in deiner Vorstellung siehst, gehe noch einen Schritt weiter, und höre dir beim Sprechen zu. Was sagst du in welchem Tonfall? Vielleicht bist du überrascht und hast dich selbst bisher noch nicht von außen beobachtet. Tue es jetzt. Die »Eigenbeobachtungen« sind sehr wichtig, sie geben dir Auskunft darüber, wie du nach außen wirkst.

Wie wirkst du? Strahlst du Selbstvertrauen aus oder Unsicherheit aus? Wer bist du? Das graue Mäuschen oder der stolze Pfau? Die ruhige Sphinx oder das hereinbrechende Gewitter? Dein Selbstvertrauen sieht man dir an, man hört es, wenn du sprichst, daran, was und wie du es sagst. Beachte folgenden Mechanismus, der in beide Richtungen funktioniert: Hast du ein starkes Selbstvertrauen, dann sendest du Signale der Sicherheit aus. Dieser Mechanismus funktioniert auch andersherum: Auch wenn du dich noch unsicher fühlst, kannst du deine Körpersignale so verändern, dass nach kurzer Zeit dein Selbstvertrauen gekräftigt ist. Veränderst du also deine äußeren Signale, so veränderst du auch deine Gefühle und damit dein Selbstvertrauen.

Atem – die Kraftquelle

Vertrauen wächst aus Vertrautheit. Damit Vertrautheit entsteht, musst du dich regelmäßig mit etwas beschäftigen, das dich entspannt und beruhigt. Dafür brauchst du Zeiten der Muße, in denen du frei von Terminen und Verpflichtungen bist. Erlaube dir täglich kurze Pausen, in denen du einfach nichts tust. Lausche dann nach innen, und nimm wahr, was sich da in deinem Innern bewegt.

Wo Entspannung ist, da ist auch Wohlgefühl.
Wo Entspannung ist, da kann keine Angst sein.

Wenn du deine bewusste Aufmerksamkeit auf den Atem lenkst, merkst du sogleich, ob gerade eine ruhige, natürliche, eine flache oder eine überschnelle Atmung besteht. Sobald du dich auf deinen Atem konzentrierst, unterbrichst du sorgenvolle Gedanken. Bereits das ist ein Grund, in Situationen, in denen du dich unsicher fühlst, auf deine Atmung zu achten. Sie spiegelt dein inneres Befinden wider. So, wie du denkst und dich fühlst, atmest du. Trage mit deinem Atemrhythmus zu einer inneren Beruhigung bei. Deine innere Ruhe wird sich auf deine Bewegungen auswirken, auf deinen Blick, auf deine Stimme, auf deine ganze Ausstrahlung. Mit einem ruhigen Atemrhythmus strahlst du Kraft und Überlegenheit aus.

ÜBUNG: Kraftvolle Atmung

Setze dich, ohne dich anzulehnen, auf einen bequemen Stuhl. Deine Füße stehen flach auf dem Boden auf. Schließe deine Augen. Gehe mit deiner Aufmerksamkeit in deinen Unterbauch. Stelle dir vor, dein Unterbauch sei eine wunderbare Schale. In dieser Schale befindet sich goldene Energie.

Atme nun in deinen Unterbauch hinein, und wölbe ihn dabei nach außen. Ziehe beim Einatmen in deiner Vorstellung die Energie in deinen Körper hoch, sodass du ganz von dieser goldenen Energie erfüllt wirst. Lasse nach dem Einatmen für zwei Sekunden deinen Atem pausieren, und atme anschließend langsam durch deine leicht geöffneten Lippen kräftig aus. Lasse deinen Atem wieder zwei Sekunden lang pausieren, bevor du wieder einatmest.

Übe mindestens zehn Atemzüge lang in diesem Atemrhythmus. So entsteht ein wunderbares, stärkendes und beruhigendes Rundatmen. Erweitere die Übung anschließend, indem du beim Einatmen das Wort »Ruhe« und beim Ausatmen das Wort »Kraft« denkst.

Bei regelmäßigem Üben wirst du diese Atemübung sehr bald gut beherrschen, und du wirst feststellen: Sobald du mit deinen Gedanken in den Unterbauch gehst, wird sich ganz automatisch eine Tiefenatmung einstellen. Übe jeden Morgen, und beginne so deinen Tag gelassener und kraftvoller. Bereits nach kurzer Zeit wirst du diese Übung überall machen können: beim Gehen, beim Spazieren, beim Warten in der Warteschlange, vor einem Auftritt, vor und während einer entscheidenden Situation. Diese Tiefenatmung ist dann zum Bestandteil deines Lebens geworden.

Einfach sitzen

Beim einfachen Sitzen wirst du verschiedene Erfahrungen machen. Einmal wirst du das Nichtstun genießen, du wirst ganz im gegenwärtigen Augenblick sein und beobachten, was um dich herum passiert. Ein anderes Mal wirst du ungeduldig sein, und deine Gedanken werden zu dem, was noch alles zu erledigen ist, abschweifen. Oder du wirst dich langweilen und dich selbst nicht aushalten können. Vielleicht erscheint dir das einfache Sitzen und »Nichtstun« zunächst auch fremd und überflüssig.

ÜBUNG: Einfach sitzen

Mache einen Platz in deiner Wohnung zu deiner Sitzecke – nicht mit einem Sofa, besser mit einem bequemen Stuhl, eventuell mit Armstützen. Stelle deinen Stuhl so hin, dass du eine Aussicht hast, z. B. in deinen Garten, auf die benachbarte Häuserreihe, in die Ferne. Stelle deinen Timer auf zehn Minuten, damit du jedes Zeitgefühl loslassen kannst. Setze dich aufrecht, bequem und stabil hin, denn eine solche Sitzhaltung fördert bereits Vertrauen. Wenn du aufrecht sitzt, bist du wacher, wenn du zudem eine bequeme Sitzunterlage hast, kannst du zugleich entspannen. Genau diese Verbindung von Wachsamkeit und Entspannung brauchst du, um dich sicher zu fühlen und Selbstvertrauen auszustrahlen – und das in jeder Situation. Deine Fußsohlen stehen flach auf dem Boden auf. Stelle dir vor, aus ihnen wachsen Wurzeln, die dich mit Mutter Erde verbinden. Du sitzt verankert, stabil und geborgen. Spüre diese innere Sicherheit. Sitze auf deinem Stuhl, und beobachte, was da draußen vor sich geht. Die Blumen bewegen sich im Wind, die Frau auf der anderen Seite schließt das Fenster, jemand hat sein Auto vor dem Haus geparkt … Nur sitzen, beobachten, wahrnehmen – sonst gar nichts.

Halte durch. Lerne, durch den Stress der Langeweile und des Zeitdrucks hindurchzugehen. Lerne, standhaft zu sein, die Übung nicht abzubrechen und nicht auszuweichen. Was gewinnst du dadurch? Selbstvertrauen. Der Weg ist so: Du hast im Voraus entschieden, zehn Minuten lang zu sitzen. Du tust es, weil du dich so entschieden hast. Morgen entscheidest du dich wieder so und tust es. Von Tag zu Tag wächst dein Selbstvertrauen, denn du hast gelernt, zu Ende zu führen, wofür du dich entschieden hast. Das ist Selbstvertrauen.

Vielleicht ist das einfache Sitzen eine neue Erfahrung für dich. Beschreibe hier deine Gefühle, die du währenddessen erlebt hast:

Wenn du beide Übungen gut beherrschst, kannst du die Atem- und die Sitzübung gleichzeitig machen.

Der jetzige Augenblick zählt

Die vorangegangene Atemübung hat deine Gedanken beruhigt, indem du dich ganz auf den Atem konzentriert hast. Dabei warst du ganz im gegenwärtigen Augenblick. Übertrage diese Präsenz auf andere Tätigkeiten. Das heißt: Wenn du einen Vortrag hältst, denke an den Inhalt des Vortrags. Wenn du einem Menschen zuhörst, dann bist du gedanklich nur bei diesem Menschen. Wenn du einen Salat isst, dann bist du ganz beim Essen. Innere Unruhe, Angst und Unsicherheit stellen sich erst ein, wenn du mit deinen Gedanken vorauseilst, wenn du mit deinem Körper noch hier bist, doch deine Gedanken schon weit weg sind und um ein zukünftiges Ereignis kreisen, um eine von dir zu erbringende Leistung, die dir Druck macht. Dieses »Was wird sein?«-Denken bedroht dein Selbstvertrauen dann, wenn sich deine Gedanken um das Scheitern und Misserfolg drehen.

Durchbrich vor jeder Stresssituation diese Gedankenspirale energisch mit einem »STOPP!«, und hole deine Gedanken zu deiner momentanen Tätigkeit zurück. Stelle dir vor, du hast am Abend einen entscheidenden Auftritt. Was geschieht im Voraus? Kontrolliere deine Gedanken, und hole sie möglichst oft in die gegenwärtige Situation. Z. B.: »Jetzt stehe ich vor der Waschanlage und schaue zu, wie mein Auto gewaschen wird.« Während du auf dein sauberes Auto wartest, nimmst du dir einige Minuten für das Vorerleben deines Erfolgs und stellst dir deinen Auftritt als tollen Erfolg vor. Betrachte deine Erfolgsbilder vor deinem inneren Auge, sprich deine dich unterstützenden Sätze, genieße deinen Erfolg.

Direkt vor dem Auftritt zählt nur noch der gegenwärtige Augenblick. Die Erfolgsbilder hast du dir sowieso schon tausendmal vorgestellt, sie sind längst in deinem Unterbewusstsein gespeichert und werden im gegebenen Augenblick für dich arbeiten. Deine Gedanken sind vollkommen auf deine derzeitige Beschäftigung fokussiert: »Jetzt gehe ich auf die Bühne, jetzt kontrolliere ich meine Unterlagen …« Immer: jetzt, jetzt, jetzt … Übertrage diese Vorgehensweise auf jede bevorstehende Situation. Diese Schritte werden dich zum Erfolg führen.

Ich verpflichte mich, diese Erfolgsschritte zu tun. Ich schreibe hier ein großes JA und zeichne mein ganz persönliches Erfolgssymbol:

Der Körper – ein Werkzeug

Wenn es darum geht, dein Vertrauen zu stärken, kannst du dafür deinen Körper als ein ideales Werkzeug einsetzen. Je gerader deine Körperhaltung ist, desto gerader fühlst du dich innerlich. Je lockerer und offener du dich bewegst, desto deutlicher demonstrierst du Angstfreiheit:

Deine aufrechte Körperhaltung signalisiert deine Selbstsicherheit (egal, ob du bereits selbstsicher bist oder nicht, tue so als ob). – Dein Publikum nimmt dich als selbstsicher wahr. – Du erhältst Aufmerksamkeit. – Diese Aufmerksamkeit stärkt dein Selbstvertrauen: »Mein Beitrag ist wichtig.« – Dein Selbstvertrauen wächst. – Deine Körperhaltung ist aufrecht.

Denke an eine Situation zurück, in der du dich unsicher und unterlegen gefühlt hast. Schließe deine Augen, und erinnere dich an deine Körperhaltung:

....

Denke an eine Situation zurück, in der du dich stark und sicher gefühlt hast. Schließe deine Augen, und erinnere dich an deine Körperhaltung:

....

Welcher Unterschied fällt dir auf?

....

....

....

....

Körpersprache – ein Statussymbol

»Status« in zwischenmenschlichen Beziehungen bedeutet Hierarchie, ein Oben und ein Unten. Selbstverständlich genießt ein König einen höheren Status als seine Untertanen. Doch auch unter den »gewöhnlichen Menschen« spielt der Status eine beträchtliche Rolle.

In meinen Beratungsgesprächen höre ich oft die Aussage: »Ich fühle mich mit diesem Menschen nicht auf Augenhöhe.« Genau diese Situation beschreibt der Begriff »Status«. Wenn du wahrgenommen werden willst, wenn du etwas sagen willst, musst du dir einen bestimmten Status erarbeiten. Mit einem niedrigen Status fühlst du dich eben gegenüber anderen nicht auf Augenhöhe, du fühlst dich unterlegen und schwach. Diese Schwäche drückst du durch eine verkrampfte Körperhaltung aus, durch eine »Opferhaltung«, durch einen gesenkten Blick und unterwürfiges Verhalten.

Du willst Erfolg haben? Du willst wahrgenommen werden? Dann musst du zuerst einmal lernen, einen hohen Status einzunehmen. Auch hier gilt die Wechselwirkung: Ein hoher Status führt zu einem starken Selbstvertrauen, und mit deinem starken Selbstvertrauen erwirbst du dir einen hohen Status. Ein hoher Status bedeutet dabei nicht Arroganz, Rücksichtslosigkeit und Überheblichkeit. Ganz im Gegenteil: Menschen, die einen hohen Status einnehmen, zeichnen sich durch Charisma aus, durch eine ruhige und selbstsichere Ausstrahlung. In ihrer Nähe hält man sich gern auf.

Dies sind die Regeln des hohen Status:

Deine Körpersignale:

- Halte deinen Körper gerade, das signalisiert Kompetenz, Sicherheit und Vertrauen.
- Stelle dich aufrecht hin, beide Füße fest mit dem Boden verwurzelt. Mit einem guten Stand kannst du Bäume ausreißen. Deine Schultern liegen hinten unten.
- Gehe langsam und zielbewusst.
- Nimm Raum ein, und stelle beim Sitzen deine Füße flach auf dem Boden auf – verbinde dich mit der Erde.

- Halte beim Sitzen deinen Rücken gerade, lege die Hände auf dem Tisch. Markiere mit deinen Armen dein Territorium. Je höher der Status eines Menschen ist, desto größer ist das Territorium, das er beansprucht. Viel Platz = viel Macht. Ordne bei einem Meeting deine Schreibutensilien und dein Trinkglas auf dem Tisch so an, dass du dich klar gegen die Laptops und Taschen der Nachbarn abgrenzt.

Vermeide dagegen hektische oder abgerissene Bewegungen, die darauf hinweisen, dass du unruhig und unbeständig bist. Schlinge deine Füße nicht um die Stuhlbeine, und vermeide es, mit Gegenständen wie einen Kugelschreiber oder einem Trinkglas zu spielen.

Deine Kopfhaltung und deine Mimik:
- Halte deinen Kopf gerade, kippe ihn nicht zur Seite.
- Bewahre ein authentisches, unaufgesetztes Lächeln. Weil du mit dir selbst zufrieden bist, hast du immer Grund, zu lächeln.
- Blicke deinem Gegenüber gerade in die Augen, von oben herab wirkt überheblich, von unten herauf wirkt unterwürfig.

Vermeide es, mit den Händen dein Gesicht zu berühren. Spiele nicht mit deinen Haaren, zupfe nicht an den Ohren oder an der Nase.

Deine Stimme:
- Sprich klar und ruhig, so vertrittst du deinen Standpunkt glaubwürdig.
- Halte deine Stimme angemessen laut.
- Achte auf eine aufrechte Körperhaltung, dann ist deine Stimme wohlklingend.
- Sprich langsam, und mache Pausen.

Beobachte in nächster Zeit die Menschen, mit denen du zu tun hast, auch Menschen, die du nicht kennst, denen du zufällig in einem Restaurant oder in einem Park begegnest. Analysiere die Handlungen dieser Menschen in Verbindung mit ihrem Status. Wenn du bereits etwas selbstsicherer geworden bist (bitte erst dann), nimm einmal ganz bewusst einen tiefen Status ein, indem du in einer Gesprächsrunde ständig mit dem Kopf wackelst, dein Gesicht berührst, die Beine übereinanderschlägst und mit deinen Füßen wippst. Du wirst merken, dass die anderen dich nach einer bestimmten Zeit gar nicht mehr zu Wort kommen lassen. Bitte mache dieses Experiment in keiner Situation, in der es auf ein sicheres Auftreten von dir ankommt. Erlebe, wie dein Status steigt, während du z. B. bei einem Spieleabend deine Bewegungen verlangsamst. Jede Bewegung zelebrierst du mit königlicher Gelassenheit.

Sobald du die Regeln des hohen Status beherrschst, passe deinen Status der Situation an. Wenn du bewusst einen niedrigen Status einnimmst, heißt das noch lange nicht, dass du wie ein graues Mäuschen umherschleichst, das heißt lediglich, dass du dich in bestimmten Situationen zurücknimmst. Du gibst jemandem die Vorfahrt und überlässt ihm den Raum – mit ruhigen Bewegungen, einer klaren Stimme, mit selbstsicherer Ausstrahlung und einem Lächeln, weil du dich dazu entschieden hast. Daran kannst du prüfen, wie weit du mit deinem Selbstvertrauen gekommen bist: Du fühlst dich stark, auch wenn du dich zurückgenommen hast. Es ist sinnvoll, einen niedrigen Status einzunehmen, wenn du es mit einer dominanten Person zu tun hast. Vermeide es besser, dein Wissen in den Vordergrund zu stellen und recht haben zu wollen. Wenn du dich zurücknimmst, vermeidest du einen Konflikt. Mit einem starken Selbstvertrauen kannst du es lächelnd so sein lassen. Einen hohen Status einzunehmen, ist dagegen unumgänglich, wenn du vor einer Gruppe eine Präsentation hältst. Dann gilt dein souveräner Auftritt.

Sei dein eigener Beobachter. Halte deinen Ist-Zustand fest, und schreibe danach auf, was du verbessern willst.

Meine Körpersignale sind mehrheitlich die folgenden:

....

....

Diese Aspekte meiner Körpersprache möchte ich verändern:

....

....

ÜBUNG: Körperhaltung

Trainiere vor einem Spiegel. Betrachte deinen ganzen Körper. Prüfe deinen Rücken, deine Kopfposition, lächle dir selbst zu. Stelle dich mit dem Rücken an die Wand. Wie fühlt sich deine gerade Körperhaltung an? Gehe jetzt in dieser Haltung von der Wand weg. Tritt nahe vor den Spiegel, und kontrolliere wieder deine Körperhaltung.

Übe täglich bei jeder Gelegenheit, vor jedem Spiegel, oder wenn du an einem Schaufenster vorbeigehst. Musst du eine Rede halten, so trainiere auch diese vor einem Spiegel. Achte auf deine Armbewegungen, auf deine Hände, deinen Gang.

ÜBUNG: Vorstellungsreise

Schreibe eine Situation auf, in der du sicher auftreten willst. Wie sieht deine perfekte Ausstrahlung aus?

....

....

....

....

....

....

....

Visualisiere jeden Abend vor dem Einschlafen deine perfekte Körperhaltung, deine perfekte Ausstrahlung.

ÜBUNG: Blickkontakt

Stelle dich ganz nah vor einen Spiegel, oder halte einen Handspiegel auf Augenhöhe vor dein Gesicht. Blicke dir in die Augen. Wechsle nicht von einem Auge zum anderen. Entscheide dich für ein Auge, und schaue immer in das gleiche. Sprich dabei 25 Mal: »Ich bin selbstsicher und stark. Mit Vertrauen gehe ich durch jede Situation.«

ÜBUNG: Stimme

Erinnere dich an eine Situation zurück, in der deine Stimme versagte oder gezittert hat. Schreibe nun ein neues Drehbuch dieser Situation. Jetzt ist deine Stimme klar, ruhig und stark. Du sprichst langsam und wohlklingend und machst Pausen. Was siehst du vor deinem inneren Auge?

....

....

....

....

Eine Situation steht dir bevor, in der du einer Person oder vor einer Gruppe etwas sagen willst. Schreibe fünf Sätze auf, die du übst, um sie dann selbstsicher sprechen zu können:

....

....

....

....

Hast du Angst, dich zu verhaspeln, zu stottern oder keine Worte mehr zu finden, dann gibt es nur eine Möglichkeit: üben, üben, üben. Je mehr du sprichst, desto »geölter« läuft das Sprechen ab. Sind deine Informationen den Zuhörern unbekannt, solltest du langsam sprechen und Pausen machen.

Viele behaupten, vor Menschen nicht sprechen zu können, ganz egal, wie groß oder klein die Zuhörergruppe sei. Doch alles, was du sagst, wird sicherer, wenn du es zuvor aufschreibst und übst. Wenn du dich gut vorbereitest, wirst du nach wenigen Minuten deine Angst hinter dir lassen und das Sprechen genießen. Du wirst deine kompetente Körpersprache beherrschen und deine Ausstrahlung wirken lassen. Du wirst den Beweis erhalten: »Ich kann!« Aus diesen »Ich kann«-Bausteinen setzt sich dein Selbstvertrauen zusammen.

Die Kraft des Wortes

Hinter jedem Wort steht eine Persönlichkeit. Entsprechend deinen Worten wirst du von deiner Umwelt beurteilt. Deine Aussagen sind dafür verantwortlich, wie du wahrgenommen wirst und ob dir Vertrauen entgegengebracht wird. Auch hier gilt die dir bereits bekannte Wechselwirkung: Wenn du spürst, dass Menschen dir vertrauen, wird das auch dein Selbstvertrauen stärken. – Wenn dein Selbstvertrauen stark ist, wirst du das auch ausstrahlen, und die Menschen werden dir vertrauen.

Die verbale Botschaft

Achte auf deine Wortwahl. Sprichst du eine verbindliche Sprache mit ehrlich gemeinten, anerkennenden Botschaften, mit denen du die Kommunikation förderst? Oder machst du allgemeine Äußerungen, die du in abwertende Worte, Unterstellungen und Ironie verpackst? Zur Verdeutlichung hier einige Beispiele:

Abwertend: »Jeder vernünftige Mensch weiß doch, dass man sich auf einen Auftritt vorbereiten muss.«
Verbindlich: »Sich auf einen Auftritt vorzubereiten, halte ich für sehr wichtig.«

Abwertend: »Diese Woche hatte ich so viel zu tun, ich musste mich um andere Sachen kümmern und hatte keine Zeit, mich auf dieses Meeting vorzubereiten.«
Verbindlich: »Unsere Firma verzeichnet eine sehr gute Auftragslage, worüber wir uns freuen. Da wir zeitlich alle sehr angespannt sind, werde ich meinen Bericht kurz und prägnant halten.«

Verwende Botschaften, die ehrlich gemeint sind und eine zwischenmenschliche Beziehung vertiefen. Auch ehrliche und anerkennende Komplimente unterstreichen eine gute Gemeinsamkeit. Sobald Beschuldigungen, Verallgemeinerungen und abwertende Äußerungen deine Wortwahl bestimmen, werden diese deine Kompetenz und dein souveränes Auftreten untergraben. Wenn du Formulierungen verwendest, die in deinem Gegenüber Trotz oder Wut hervorrufen, hast du bereits an Vertrauenswürdigkeit verloren. Achte also bewusst darauf, was du sagst.

Hier erhältst du einige Regeln. Nimm dir Schritt für Schritt vor, deine Aussagen zu überprüfen und sie verbindlich, positiv und kompetent zu formulieren. Dabei spielt es keine Rolle, ob du mit deinen Familienmitgliedern sprichst, mit deinen Kollegen oder mit Angestellten. Deine Sprache hat nur mit dir etwas zu tun und sagt etwas über dich aus.

Regel 1: Signale der Unsicherheit eliminieren
Vermeide folgende Wörter: eigentlich, eventuell, ein bisschen, im Regelfall, könnte, sollte, müsste, hätte.

Regel 2: Unterschwellige Anklagen eliminieren
Mache dein Gegenüber nicht klein, und gib keine ungebetenen Ratschläge, z. B.:

- »Sie wollen doch nicht behaupten, dass …«
- »Seien Sie doch ehrlich …«
- »Sie müssen schon einsehen, dass …«
- »Wie ich Ihnen schon ausdrücklich gesagt habe …«
- »Sie irren sich, wenn Sie glauben, dass …«

Regel 3: Die unterstützende Wortwahl
Vielleicht hast du das schon erlebt: Du sprichst mit jemandem, und nach kurzer Zeit denkst du: »Mein Gott, ist das ein negativer Mensch.« Dann hast du nur noch ein Ziel: das Gespräch abbrechen und weggehen. Alles, was du sagst, kannst du einladend oder klagend und schimpfend vermitteln. Wenn du Aussagen lebensbejahend und lösungsorientiert formulierst, geht es zuerst einmal dir besser. Du unterstützt dich selbst. Deine positive Sprache wird dich von innen heraus verändern. Die Leute werden sagen: »Das ist ein wirklich positiver Mensch. In seiner Gegenwart geht es auch mir gut.«

Vermeide Problemwörter, da sie das Problem in den Fokus nehmen und damit hervorheben: »Diese Präsentation ist mir ein Gräuel, ich werde sie nie fertigstellen.« Positiv umformuliert hieße das: »Obwohl diese Präsentation sehr anspruchsvoll ist, werde ich termingerecht damit fertig. Ich gebe mein Bestes.« Dieselbe Präsentation – zwei Aussagen. Welche Aussage motiviert dich mehr zum Anpacken und Durchhalten?

Diese Sätze mit Problemwörtern sage ich oft:

………………………………………………………………………………

………………………………………………………………………………

………………………………………………………………………………

………………………………………………………………………………

Hier meine positiv gewendete Fassung dieser Aussagen:

....

....

....

....

....

Nun hast du drei wichtige Regeln der verbalen Kommunikation kennengelernt. Trainiere diese in alltäglichen Situationen. Betrachte es zukünftig als ein Spiel, negativen Aussagen eine positive Wende zu geben. Je öfter du positive Aussagen wählst, desto stärker wird dein Selbstvertrauen. Je mehr du über Lösungen nachdenkst, desto mehr traust du dir zu, Lösungen zu finden – und dann findest du auch welche.

Regel 4: Die Wirkung der Stimme
Nicht nur deine Sprache ist Ausdruck deiner Persönlichkeit, sondern auch deine Stimme. Erweckt dein Tonfall Vertrauen? Welche Lautstärke, Betonung und Intensität du den einzelnen Wörtern gibst, verändert den Sinn und damit die Wirkung deiner Aussage.

Experimentiere mit dem Satz: »Meine Schlüssel sind verschwunden.« Sprich diesen kurzen Satz flüsternd, weinerlich, in einer hohen und dann in einer tiefen Stimmlage, laut und fest, fragend, vorwurfsvoll, langsam und gedehnt und dann hastig. Indem du die Betonung veränderst, ändert sich auch der Sinn der Aussage.

Stelle dich vor einen Spiegel, nimm deine selbstsichere Körperhaltung ein. Sprich nun in allen bereits geübten Varianten: »Ich weiß, dass ich es kann. Das genügt. Ich brauche es niemandem zu beweisen!« Wähle jetzt einen Tonfall, eine Sprechgeschwindigkeit und eine Betonung, die deine Kompetenz unterstreichen, und sprich: »Ja genau, diese Aussage stimmt. Ich weiß, ich kann es.«

Komplimente sind Wortgeschenke

Ein aufrichtiges Kompliment, zur rechten Zeit und am rechten Ort ausgesprochen, weckt die Lebensgeister und bestärkt das Selbstwertgefühl. Dies gilt für Komplimente, die du gibst, genauso wie für solche, die du empfängst. Vielen Menschen ist es vollkommen fremd, Komplimente auszusprechen, und noch mehr haben sie Mühe, Komplimente anzunehmen. Ein Kompliment anzunehmen, ist für viele mit einem peinlichen Gefühl verbunden – man will ja nicht im Rampenlicht stehen, und man weiß nicht, ob das Kompliment auch ehrlich gemeint ist.

Ob du ein Kompliment annehmen kannst oder nicht, hat nichts mit deinem Gegenüber zu tun, sondern ganz allein mit deinen Überzeugungen, die du von dir selbst hast. Bist du der Überzeugung, wert- und erfolglos zu sein, dann wirst du ein Kompliment, das du erhältst, nicht glauben und nicht annehmen können. Möglicherweise denkst du: »So ein Schleimer.« Getrieben von einer inneren Unsicherheit, reagierst du möglicherweise unangemessen, du widersprichst und entwertest das Kompliment (»Ach, das war doch gar nicht so gut. Das war gar nicht so schwierig, jemand anders hätte das sicher besser gemacht«). Du entwertest jedoch damit nicht nur das Kompliment, sondern auch dich selbst. So nimmst du dir die Chance, das Kompliment auf dein Selbstwertgefühl wirken zu lassen und dich dadurch gut zu fühlen.

Erinnere dich an ein Kompliment, das du mal erhalten hast. Was hast du dabei gedacht, und wie hast du reagiert?

....

....

....

....

Nimm dir vor, von nun an, wenn du ein Kompliment erhältst, deinem Gegenüber direkt in die Augen zu schauen, zu lächeln und dich zu bedanken. Ein Kompliment ist ein verbales Geschenk, und dafür bedankst du dich. Noch besser: Gib aufrichtig zu, wie sehr du dich über das Kompliment freust, und erwidere es. Nicht nur Komplimente zu erhalten, stärkt dein Selbstwertgefühl, sondern auch, Komplimente zu machen.

Dieses Kompliment habe ich letztens jemandem gemacht:

....

....

....

Dabei habe ich mich folgendermaßen gefühlt:

....

....

....

....

Warum stärkt es dein Selbstwertgefühl, wenn du ein Kompliment aussprichst? Komplimente machen zu können, setzt voraus, dass du deine Aufmerksamkeit auf das Positive deines Gegenübers richtest. Indem du den anderen positiv bewertest, bewertest du auch dich freundlicher und positiver. Du schärfst deinen Blick für andere und für dich.

Ich nehme mir fest vor, diesen Personen in meinem näheren Umfeld ein Kompliment zu machen:

....

....

....

Kleidung und Vertrauenswürdigkeit

Ein Sprichwort sagt:
»Begrüßt wird man nach Kleidung,
verabschiedet nach Klugheit.«

Stelle dir vor, du bist in einer Großstadt unterwegs. Du sitzt in einer U-Bahn und beobachtest die Menschen, die ein- und aussteigen. Blitzschnell machst du dir anhand nonverbaler Botschaften, vor allem aber anhand der äußeren Erscheinung, ein Bild von ihnen. Du beurteilst, ob jemand interessant ist oder nicht, welchem Kulturkreis er angehören mag, und vor allem, ob dieser Mensch vertrauenswürdig ist oder nicht. Demnach sagt deine Kleidung auch etwas über deine Vertrauenswürdigkeit aus. Entspricht deine optische Erscheinung nicht den Erwartungen deines Berufsstandes oder deines Publikums, wirst du dich gegebenenfalls sehr bemühen müssen, um vertrauenswürdig zu erscheinen.

Beobachte bewusst das Erscheinungsbild der Menschen, mit denen du zu tun hast. Warum wirkt auch bei höchsten Sommertemperaturen ein Berater in kurzer Hose nicht vertrauenswürdig? Warum wirkt eine Frau in einer führenden Position nicht vertrauenswürdig, wenn sie in einem hawaiianischen Blumenkleid ein Projekt präsentiert? Wähle deine Kleidung so, dass sie zu deinem Denken passt, dass sie deiner Glaubwürdigkeit Ausdruck verleiht. Dein Denken, dein Sprechen, dein Outfit, deine Accessoires, all das hat den einen Hintergrund: Die Glaub- und Vertrauenswürdigkeit deiner Persönlichkeit zu festigen. Beobachte dich selbst, und entwickle ein Gefühl dafür, welcher Typ du bist, welche Kleidung zu dir passt und in welcher du dich wohlfühlst.

Erinnere dich zurück: Gab es eine Situation, in der du dich in deiner Kleidung unwohl und unsicher gefühlt hast? Wenn ja, warum?

....

....

....

....

Erinnere dich an eine Situation, in der du dich in deiner Kleidung hervorragend gefühlt hast. Woran lag es, was hattest du an?

....

....

....

Nicht jeden Tag bist du in der gleichen Stimmung, nicht jeden Tag hast du Lust auf eine rote Krawatte oder eine Seidenbluse. Das ist gut so. Doch sollte Zeitmangel oder schlechte Stimmung niemals eine Entschuldigung für einen Schlabberlook oder bunt zusammengewürfelte Kleidung in unpassenden Situationen sein. Sei achtsam: Das, was du morgens aus dem Kleiderschrank ziehst, kann deinen Tag nachhaltig beeinflussen. Unbewusst wählst du Kleidungsstücke aus, die zeigen, in welcher Stimmung du gerade bist.

Mache ein Experiment, und gehe dieser Behauptung auf den Grund: Mit dem Wechsel deiner Kleidung ändern sich deine Gefühle. An einem Tag, an dem du dich macht- und wertlos fühlst, an einem »Ich bin nichts, ich kann nichts«-Tag, da bringe dich bewusst in Form, indem du deinem Outfit besondere Aufmerksamkeit schenkst. Nicht irgendetwas ist gut genug. Du wählst ein Kleidungsstück, mit dem du Sicherheit, Mut und Lebensfreude ausstrahlst. Damit veränderst du dein inneres Befinden, du machst dich tatsächlich mutiger und lebensfreudiger. Hältst du einen Vortrag, werden alle Blicke auf dich gerichtet sein. Jetzt ist dein gut ausgewähltes Outfit, in dem du dich gepflegt und kompetent fühlst, besonders wichtig. Es wird bereits vor dem Auftritt das Maß deines Selbstvertrauens heben. Verbindest du dieses gute Gefühl mit einem zielbewussten Schritt, mit langsamen Bewegungen, einem Lächeln auf den Lippen, dann ist deine Ausstrahlung perfekt. Hast du deine Rede einige Male zu Hause gehalten und vor dem Spiegel geübt, dann wirst du in jeder Hinsicht Erfolg haben, und dein Selbstvertrauen erhält neue Punkte auf der Plusskala.

Diese bekannte Persönlichkeit ist mir ein Vorbild bezüglich der äußeren Signale. Das bewundere ich an dieser Person besonders:

....

....

....

Bei mir ist an dieser Stelle meines äußeren Auftretens Veränderung notwendig. Diesem Aspekt messe ich von nun an mehr Gewicht bei:

....

....

Sichtbar durch das Leben gehen

Dein Leben kannst du bescheiden und unsichtbar verbringen, oder du kannst nach vorn treten und der Welt zeigen, was du kannst. In der Unsichtbarkeit kannst du dein Selbstvertrauen nicht trainieren.
Der berühmte französische Filmregisseur Jean Pierre Melville führte ein Casting für Schauspieler durch. Zu diesem Zweck mietete er eine

Fabrikhalle und stellte seinen Tisch möglichst weit von der Eingangstür entfernt auf. Die Schauspieler hatten nur eine Aufgabe zu erfüllen: Sie mussten den leeren Raum zwischen der Eingangstür und seinem Tisch zurücklegen. Ohne ein Wort mit den Schauspielern gewechselt zu haben, wusste Melville, für welche Schauspieler er sich entscheiden will. Was hatten die anderen falsch gemacht? Manche waren von der Größe des Raumes beeindruckt und blieben zögernd an der Türschwelle stehen. Andere kamen entschlossen durch die Tür herein, blieben jedoch auf halbem Weg stehen. Wieder andere schlichen an den Wänden entlang. Sie begingen alle den gleichen Fehler: Sie wollten sich unsichtbar machen.

Vielleicht bist du der Meinung, man müsse nicht immer im Vordergrund stehen – das stimmt. Sich zurückzunehmen, ist in gewissen Situationen in Ordnung. Das Problem beginnt dann, wenn du aus Angst nicht hervortrittst, obwohl du hervortreten möchtest. Wenn deine Angst über dein Verhalten entscheidet, verlierst du an Selbstvertrauen.

Hast du dieses Bedürfnis nach Unsichtbarkeit schon einmal erlebt? Beschreibe deine Situation:

....

....

....

....

....

Es gibt verschiedene Gründe, in der Unsichtbarkeit verschwinden zu wollen. Viele Menschen sind mit Ihrem Aussehen nicht zufrieden und leiden, weil sie der Überzeugung sind, sie seien hässlich, unattraktiv, übergewichtig, zu groß, hätten eine zu große Nase, zu kurze Beine etc. Wenn du so denkst, hast du automatisch das Gefühl, dass dich alle anstarren, hinter deinem Rücken tuscheln, sich über dich lustig machen und dich bemitleiden würden. So entsteht Unzufriedenheit über dich selbst, und im Extremfall möchtest du erst gar nicht unter Leute gehen, weil du dich zu Hause viel sicherer fühlst. Dieser Rückzug nagt an deinem Selbstvertrauen. Dein Weg der Veränderung heißt:

Beginne, deinen Körper so zu lieben, wie er ist.

ÜBUNG: »Das finde ich schön an mir!«

Stelle dich vor einen großen Spiegel, in dem du deinen ganzen Körper sehen kannst, und betrachte diesen wohlwollend. Beginne bei deinen Füßen, und gehe mit deiner Betrachtung langsam nach oben. Schließe die Übung mit folgendem Eintrag ab:

An meinem Körper gefällt mir besonders:

....

....

....

....

....

ÜBUNG: »Das bin ich!«

Ich bin bereit, ab heute meinen Körper so zu lieben, wie er ist. Das bestätige ich mit einem JA:

....

Trainiere nun in der Öffentlichkeit. Hier einige Beispiele, wie du sichtbar wirst. Gehe hinein in die Übung, und tritt heraus aus der Unsichtbarkeit:

- Gehe mit geradem Rücken und sicherem Schritt auf eine Tanzfläche.
- Besuche ein Konzert, und setze dich in die erste Reihe.
- Iss allein in einem vornehmen Restaurant.
- Lasse dich in einem teuren Modegeschäft beraten und einkleiden. Du bist stolz auf deinen Körper, genieße die Kleidung. Bedanke dich für die Beratung, und verlasse das Geschäft, ohne etwas zu kaufen.
- Wähle bewusst ein etwas auffälligeres Outfit, einen Farbtupfer, einen Hingucker, etwas mehr Schmuck. Genieße den Unterschied zum bisher Gewohnten.

Das werde ich in nächster Zeit tun, um sichtbar zu werden:

....

....

....

Der Abschied vom Perfektionismus

Obwohl Perfektionismus als eine erstrebenswerte Tugend dargestellt wird, ist er ein Wesenszug, der unglücklich macht. Die perfekte Schönheit, das perfekte Auto, der perfekte Partner, die perfekte Leistung – das alles gibt es nicht, denn alles, was du tust, könnte man noch ein Stück besser machen. Alles, was du hast, gibt es irgendwo schöner und besser.

Der Perfektionismus untergräbt heimtückisch dein Selbstwertgefühl, denn der innere Drang, es immer noch besser machen zu wollen, führt zur Erkenntnis: »Ich bin nicht gut genug. Das schaffe ich nicht.« Eine perfektionistische Art führt zu Verzögerungen, weil du jedem Detail unangemessene Aufmerksamkeit schenkst, weil du ausbesserst und korrigierst. Du wirst einfach nie fertig. Der Perfektionismus entwickelt eine Eigendynamik: Du bemühst dich unentwegt – du bist mit deiner Leistung nicht zufrieden – du konzentrierst dich auf deine Fehler – du machst dadurch noch mehr Fehler – du fühlst dich minderwertig – du bemühst dich noch mehr – und dein Ziel bleibt unerreichbar …

In jedem Perfektionisten verbergen sich Leiden und die Angst, Fehler zu machen. Ihm fehlt die Einsicht, dass Fehler gut sind, dass Fehler lebendig und menschlich machen. Auf dem Weg hin zu deinem starken Selbstvertrauen musst du deinen Perfektionismus verabschieden. Es ist gut, wenn du auf Qualität bestehst. Doch ausgezeichnete Leistung und Qualität haben nichts mit der Versklavung zu tun, die der Perfektionismus ausübt. Die Grenze zwischen Vorzüglichkeit und Perfektion ist schmal. Vorzüglichkeit arbeitet für, der Perfektionismus gegen dich.

Die Vorzüglichkeit sagt: »Ich gebe mein Bestes. Das genügt.«
Der Perfektionismus sagt: »Ich strebe nach dem Ideal. Erst wenn ich es erreicht habe, bin ich zufrieden.«

Wenn du merkst, dass du trotz erhöhten Arbeitsaufwands nicht vorwärtskommst, wenn du ewig unzufrieden bist, dann ist es angebracht, über deinen Perfektionismus nachzudenken. Wie viel Perfektionismus steckt in dir? Wie fühlt sich dein Perfektionismus an?

....

....

....

Eine wirksame Übung, um den Perfektionismus zu überwinden, ist, sich selbst die Erlaubnis zu geben, Fehler machen und unvollkommen sein zu dürfen. Lerne, deine Unvollkommenheit zu genießen. Beweise dir selbst, deinem Partner, deinen Kindern, deinen Freunden, deinem Publikum, dass du lebst, indem du dir Fehler erlaubst.

ÜBUNG: Die Erlaubnis zur Fehlbarkeit

Hier sind einige Beispiele für Erlaubnissätze, die vielleicht auch für dich Gültigkeit finden:

- Ich darf mich selbst loben, denn Eigenlob stimmt.
- Ich darf Fehler machen.
- Ich darf heute zu Hause bleiben, wenn mir das guttut.
- Ich darf nachfragen, wenn ich etwas nicht verstehe.
- Ich erlaube mir, heute eine Stunde länger zu schlafen.

Bilde eigene Erlaubnissätze, die auf deine Situation abgestimmt sind. Was wirst du dir erlauben?

....

....

....

....

Der Abschied von der Bequemlichkeit

Du, meine liebe Leserin, mein lieber Leser, hast durchgehalten. Ich bin davon überzeugt, du wirst das Nötige tun, um deinen ganz persönlichen Erfolg zu erreichen.

Es gibt eine Insel und diese heißt »Eines schönen Tages«. Viele Menschen verbringen den größten Teil ihrer Zeit auf dieser Insel und denken über all die Dinge nach, die sie »eines schönen Tages« tun werden. Sie alle leiden unter der gleichen »Krankheit«, und diese heißt »Ausrederitis«. Sie sitzen auf der Insel und erzählen sich, warum *noch* nicht der richtige Zeitpunkt zum Handeln gekommen ist.

Doch du bist nicht dort. Entscheide dich gegen die Insel! Lasse all deine Energie in das Erreichen deiner Ziele fließen! Alles, was du brauchst, um dem Lockruf dieser Insel zu widerstehen, ist deine klare Entscheidung zum JETZT: »Ich festige mein Selbstvertrauen. Damit erreiche ich jedes Ziel.« So wirst du alles erreicht, weil du tust, wozu du dich entschieden hast.

Die Vorbereitung auf das 21-Tage-Programm

Du stehst vor dem Start deines 21-Tage-Programms. Grundkenntnisse, wie du dich in schwierigen Situationen selbstsicher verhältst und damit mehr Vertrauen gewinnst, hast du bereits erlangt. Was du auch verändern willst, der mentale Weg hin zu deinem Ziel besteht aus vier Elementarschritten. Diese bereitest du vor deinem Training vor.

1. Zielsetzung

Fasse dein Ziel noch einmal in wenigen positiven Worten zusammen. In welchem Bereich deines Lebens soll Veränderung geschehen? Welche Fähigkeit willst du dafür trainieren?

....

....

....

....

....

....

....

Denke kurz nach, warum dieses Ziel für dich so wichtig ist, und schreibe deine Motive hier auf. Jedes Mal, wenn du wankelmütig wirst und es dir nach Aufgeben zumute ist, lies dir deine Motive erneut durch.

....

....

....

....

....

2. Gedankenstütze

Formuliere einen dich unterstützenden Erinnerungssatz. Er ist kurz, prägnant und fasst dein Ziel zusammen:

....

....

....

....

3. Imagination

Schließe deine Augen, und stelle dir jedes Detail deines Ziels vor, so, als ob es sich auf einer imaginären Leinwand abspielen würde.

4. Dankbarkeit

Bedanke dich bereits im Vorfeld dafür, dass du dein Ziel erreicht hast. Dankbarkeit ist das Gefühl mit der stärksten Energie. Wenn du dich bedankst, signalisierst du deinem Unterbewusstsein: »Ich habe mein Ziel schon erreicht.« Genau diese Botschaft ist für die Verwirklichung deines Ziels die entscheidende.

Neuland betreten

Die vier Vorbereitungsschritte bist du soeben gegangen. Nun gilt es, dein Vertrauen in dich selbst, in deine Zielsetzung zu festigen. Damit arbeitest du an deinen Überzeugungen, an deinen Gewohnheiten und an deinem Verhalten. Du erinnerst dich: Wie innen, so außen – wie außen, so innen.

Begib dich Schritt für Schritt in ein noch unbekanntes Territorium. Nimm einen Notfallkoffer mit. Im »Notfall« wird er dich mit diesem Inhalt großartig unterstützen:

- Lautes Lachen, um die eigenen Missgeschicke humorvoll betrachten zu können.
- Motivation, damit der Sinn der Reise klar ist.
- Durchhaltewille, weil Aufgeben niemals infrage kommt.
- Innere Ruhe, um jede Erfahrung zu genießen.

Du wirst überrascht und begeistert sein, wie souverän du deine Erfolgsreise meistern wirst. Tauchen Hürden auf, ist das perfekt – für dein Selbstvertrauen das Beste, weil es sich bewähren muss. Wenn Schwierigkeiten auftreten, dann ist alles, was du tun musst: »STOPP!« sagen, einige bewusste Atemzüge machen, den Notfallkoffer öffnen, laut rufen: »Ich schaffe das!«, den Kragen hochschlagen, durch den Sturm schreiten und lächeln!

Dann hast du Folgendes gewonnen: den Respekt vor dir selbst und die Erkenntnis, dass du jede Situation meistern kannst. Du wirst dich fragen: »Gibt es etwas, was mich bremsen kann?«

Deine Antwort heißt NEIN!

Steige nun entspannt in das Übungsprogramm ein. Betrachte das tägliche Training als ein Spiel. Das Leben ist ja auch ein Spiel und kein Kampf. Dein Selbstvertrauen wird Tag für Tag stärker werden, und dein Erfolg wachsen. Alles, was du brauchst, ist Durchhaltewillen und Zeit. Zeit hast du: 21 Tage. Für dein Unterbewusstsein ist dies eine lange Zeitspanne, lang genug, um alles Neue als Gewohnheit zu speichern.

Ein Krieger fragte eines Tages seinen Meister: »Wer ist der beste Schwertkämpfer?« – »Geh hinaus auf das Feld zum Kloster«, sagte der Meister. »Dort steht ein Felsen. Beschimpfe ihn.«

»Warum sollte ich das tun?«, fragte der Schüler. »Der Felsen wird nicht antworten.« – »Dann greif ihn mit dem Schwert an«, sagte der Meister.

»Auch das werde ich nicht tun«, entgegnete der Schüler. »Mein Schwert würde zerbrechen. Und griffe ich ihn mit meinen Händen an, so würde das auch nichts ausrichten.

Bitte sage mir: Wer ist der beste Schwertkämpfer?« – »Es ist der«, sagte der Meister, »der dem Felsen gleicht. Ohne die Klinge zu ziehen, gelingt es ihm, zu zeigen, dass niemand ihn besiegen kann.«

Wenn du darauf vertraust, dass du Erfolg haben wirst, dann wirst du Erfolg haben. Wenn du darauf vertraust, dass du gewinnst, dann wirst du gewinnen. Gleich einem Felsen wirst du standhaft bleiben, ungeachtet der äußeren Einflüsse und Angriffe.

Teil 5

Das 21-Tage-PROGRAMM

Jeder Erfolg beginnt an einer Weggabelung. An dieser Weggabelung mit nur einem einzigen Wegweiser stehst du nun und liest: »In mein erfolgreiches Leben.« Dir wird klar: Woher du kommst, interessiert nicht. Das einzige, was zählt, ist deine Entscheidung, wohin es jetzt weitergeht. Entscheide mit Freude und Zuversicht, dich 21 Tage lang begleiten zu lassen. So wird dein Mosaikbild des Erfolgs Tag für Tag, Steinchen um Steinchen vollkommener.

Trage hier das Datum ein, an dem du mit deinem Training beginnst:

Bekräftige jeden Tag mit einem entschiedenen »Ich will!«, dass du mit deinem Training weitermachst und dranbleibst. Sprich diese beiden Worte laut aus, und trage danach das jeweilige Datum ein. Schreibe in ganzen Sätzen auf die Linien, und verwende möglichst oft das Wort »ich«, verfasse keine Stichworte. Jede deiner Aussagen ist eine Botschaft an dein Unterbewusstsein.

1. Trainingstag: »Ich will!«

(Heute ist der: ____ ____ ________)

Heute ist mein Tag des Innehaltens, an dem ich möglichst oft »STOPP!« sage.

Bleibe stehen, und werde dir gewahr, wer du bist und wie du bist.

Beginne deinen heutigen Tag …

… mit einem Morgenritual: Durch dein tägliches Morgenritual beginnt dein Tag kraftvoll und königlich. Starte in deinen Tag mit einer liebevollen Betrachtung deines Gesichts in einem Spiegel, und entdecke fünf Punkte, die du an deinem Gesicht schön findest:

……………………………………………………………

……………………………………………………………

……………………………………………………………

……………………………………………………………

……………………………………………………………

Blicke dir nun in die Augen, und sprich 25 Mal:
»Mit Vertrauen gehe ich durch den heutigen Tag.«

Setze dich anschließend mit geradem Rücken auf einen Stuhl mit einer angenehmen Sitzfläche. Schließe deine Augen, und lege deine Hände auf den Unterbauch. Atme in deinen Bauch hinein, und ziehe dann den Atem hoch bis in dein Herz. Verweile vor dem Ausatmen einen Augenblick, und öffne beim Ausatmen dein Herz, das die Energie in jede Zelle deines Körpers verteilt. Denke beim Einatmen das Wort »Ruhe«, beim

Ausatmen »Kraft«. Mache sieben Atemzüge, stehe dann auf, und strecke und recke dich.

Beginne jeden Tag mit diesem kleinen Ritual.

Heute wird ein herrlicher Tag sein. Worauf freust du dich?

....

....

....

....

Halte heute immer wieder inne, und sage laut: »STOPP!« Beobachte deine Gedanken: Stärken oder schwächen sie dich? Beobachte deine Körperhaltung: Ist sie aufrecht oder rund, ist sie stark oder schwach? Schreibe auf 20 kleine farbige Zettel das Wort »STOPP«. Bringe überall dort, wo du oft hinschaust, einen dieser »STOPP-Zettel« an: über einer Tür, auf einem Spiegel, am Kühlschrank … Diese »STOPP-Farbtupfer« erinnern dich an die Frage: »Was denke ich jetzt? Wie ist meine Körperhaltung?«

Welches besondere Ereignis steht dir heute bevor? Beschreibe, wie du in dieser Situation auftreten möchtest (deine starke Körperhaltung, deinen festen Blick, deinen ruhigen Atem):

....

....

....

....

....

… du mit einem »JA!« bestätigst, dass du dein Morgenritual durchgeführt hast: …………

Lobe dich jetzt für mindestens fünf Dinge, die du heute erreicht hast: Wem hast du in die Augen geschaut? In welcher Situation war deine Körperhaltung aufrecht? Gab es Momente, in denen du dich zufrieden, stark oder glücklich gefühlt hast? Erinnere dich, jedes Detail ist wichtig:

……………………………………………………………………………………

……………………………………………………………………………………

……………………………………………………………………………………

……………………………………………………………………………………

……………………………………………………………………………………

……………………………………………………………………………………

In welcher Situation hast du dich deiner Ansicht nach schwach verhalten? Wie wäre es dir rückblickend lieber gewesen? Beschreibe genau dein erwünschtes Verhalten:

……………………………………………………………………………………

……………………………………………………………………………………

……………………………………………………………………………………

……………………………………………………………………………………

……………………………………………………………………………………

……………………………………………………………………………………

Schließe deine Augen, und lasse vor deinem inneren Auge deinen neuen Film ablaufen, wie du von nun an handeln willst. Genieße das Gefühl, das sich dabei in dir ausbreitet.

Bereite deinen morgigen Tag am Abend vor, indem …

… du dich fragst, welche Schritte notwendig sind, um deinem Ziel näherzukommen. Notiere mindestens fünf Ideen:

Welcher Schritt ist der wichtigste? Beginne morgen mit genau diesem:

2. Trainingstag: »Ich will!«

(Heute ist der: ____ ____ ________)

Heute ist mein Tag des Mutes, an dem ich meine Bedürfnisse ausspreche.

Je mehr du deine Bedürfnisse wahrnimmst, sie aussprichst und nach ihnen handelst, desto mehr achtest du dich selbst und vertraust dir.

Beginne deinen heutigen Tag mit deinem Morgenritual.

Sei neugierig, und finde jeden Tag fünf neue Punkte, die du an deinem Gesicht schön findest.

Erinnere dich an dein gestriges Ziel, und entscheide, wie du deinen ersten Schritt anpackst:

....

....

....

Sprich heute laut zwei Bedürfnisse aus. Wenn deine Stimme noch unsicher ist, stelle dich vor einen Spiegel, und übe die Sätze mehrmals. Formuliere hier deine Bedürfnisse in zwei kurzen Sätzen:

....

....

....

....

In welchen beiden Situationen wirst du deine Bedürfnisse äußern? Beschreibe sie (z. B. an der Kasse im Supermarkt, gegenüber einem Arbeitskollegen):

....

....

....

Schließe deine Augen, visualisiere und erlebe dich in diesen beiden Situationen. Atme ruhig, und sprich deinen dich unterstützenden Satz.[4] Beobachte in deiner Vorstellung deine aufrechte Körperhaltung, und halte den Blickkontakt aufrecht. Welches Gefühl breitet sich in dir aus?

....

....

Beende deinen heutigen Tag, indem …

… du mit einem »JA!« bestätigst, dass du dein Morgenritual durchgeführt hast: …………

Lobe dich jetzt für mindestens fünf Dinge, die dir heute gut gelungen sind:

....

....

....

....

4 Siehe »Die Vorbereitung auf das 21-Tage-Programm«, S. 97.

Welche Erfahrungen hast du durch das Aussprechen deiner Bedürfnisse gemacht? Gibt es etwas, das du das nächste Mal verbessern willst?

Wenn ja, notiere dir genau, wie du es gern hättest:

Schließe deine Augen, und erlebe die Situation noch einmal. Ersetze bei Bedarf das, was du gern anders gehabt hättest, und visualisiere dein ideales Erleben. Lächle in dich hinein, und sage laut: »Ja genau, meine Bedürfnisse sind wichtig.«

Bereite deinen morgigen Tag am Abend vor, indem …

… du dich fragst, welchen Schritt du morgen tun wirst? Wie wirst du vorgehen?

3. Trainingstag: »Ich will!«

(Heute ist der: ____ ____ _______)

Heute ist mein Tag der Visionen, an dem ich nach Herzenslust träume.

Du weißt, dass sich dein Leben genau so gestaltet, wie du es von ihm erwartest, lenke deshalb deine Aufmerksamkeit nur noch auf Glück, Erfolg und Erfüllung.

Beginne deinen heutigen Tag mit deinem Morgenritual.

Erlaube dir heute, noch etwas länger sitzen zu bleiben. Halte deine Augen geschlossen, und gehe mit deinen Gedanken zu deinem Ziel. Träume dein Ziel, atme es ein, fühle es.

Das Träumen deines Ziels erweckt in dir starke, überschäumende Gefühle. Schreibe im Folgenden fünf Gefühle auf, und formuliere damit kurze Sätze, die dich auf den heutigen Tag einstimmen. Jeder Satz beginnt mit: »Ich bin …« (z. B. glücklich, überschäumend, überzeugt, vertrauensvoll …):

....

....

....

....

....

....

Schreibe in den nachfolgenden Stern im Uhrzeigersinn in die einzelnen Strahlen:

Ich denke –
Ich spreche –
Ich sehe mich –
Ich handle –
Ich BIN!

Schreibe in die Mitte deine bereits oben notierten Attribute, und sprich die Aussagen im Uhrzeigersinn wie in der Übung »Dein Erfolgsstern«.[5]

Schreibe hier in wenigen Sätzen noch einmal auf, welchen Schritt du heute auf dem Weg zu deinem Ziel machen willst:

Beende deinen heutigen Tag, indem …

… du mit einem »JA!« bestätigst, dass du dein Morgenritual durchgeführt hast: …………

Lobe dich dafür, dass dir die Konzentration auf dein Ziel gelungen ist. Schreibe einige Beobachtungen dazu auf:

5 Siehe »Der Filter der Überzeugungen«, S. 64.

Hier hast du Platz für eine Collage deines Ziels. Suche dir aus Zeitschriften oder Broschüren Bilder aus, die dein Ziel genau widerspiegeln, schneide sie aus, und klebe sie hier auf:

Bereite deinen morgigen Tag am Abend vor, indem …

… du dir folgenden unterstützenden Satz 25 Mal laut vorsagst:
»Von Tag zu Tag komme ich meinem Ziel näher.«

Betrachte vor dem Einschlafen deine Collage, und schlafe mit diesen Bildern ein.

4. Trainingstag: »Ich will!«

(Heute ist der: ____ ____ ________)

Heute ist mein Tag der verbindlichen Sprache, an dem ich klar Ja oder Nein sage.

Deine Entscheidung, dein unmissverständliches Ja oder Nein, stärkt deine Glaubwürdigkeit nach außen und das Vertrauen in dich selbst.

Beginne deinen heutigen Tag mit deinem Morgenritual.

Dulde heute nur klare Entscheidungen, klare Worte und klare Taten. Achte darauf, dass dein Verhalten heute Klarheit und Entschlossenheit ausstrahlt. Deine selbstsichere Körperhaltung und deine Sprache unterstützen deine Entschlossenheit, dein zielgerichteter Schritt sagt aus: »Ich weiß, was ich will.« Notiere dir, was du dir heute felsenfest vornimmst:

....

....

....

....

In diesen drei Situationen wirst du heute klar Nein sagen und bei dieser Entscheidung bleiben:

....

....

....

Beende deinen heutigen Tag, indem …

… du mit einem »JA!« bestätigst, dass du dein Morgenritual durchgeführt hast: ……….

Lobe dich für deine unmissverständliche Körperhaltung. Wann hast du dich heute besonders darüber gefreut?

……………………………………………………………………………………

……………………………………………………………………………………

……………………………………………………………………………………

Sei stolz darauf, Nein gesagt zu haben. Wie waren deine Empfindungen in den entsprechenden Situationen?

……………………………………………………………………………………

……………………………………………………………………………………

……………………………………………………………………………………

Belohne dich für deine heutige Entschlossenheit, und nutze sie auch weiterhin.

Bereite deinen morgigen Tag am Abend vor, indem …

… du deine letzten Gedanken des Tages deinem Ziel widmest. Schaue dir fünf Minuten lang ununterbrochen deine Zielcollage an. Versinke in der Betrachtung, und träume deinen großen Traum. Schließe dann deine Augen, und visualisiere deinen Zielfilm, wie du deinen Erfolg bereits feierst.

Sprich 25 Mal deinen dich motivierenden Zielsatz.[6]

6 Siehe »Vorbereitung auf das 21-Tage-Programm«, S. 97.

5. Trainingstag: »Ich will!«

(Heute ist der: ____ ____ ________)

Heute ist mein Tag der Standhaftigkeit, an dem ich lächelnd Kritik und Misserfolg annehme.

Deine Fähigkeit, auch bei Kritik hinzuhören und Misserfolg als selbstverständlich anzunehmen, stärkt dein Selbstvertrauen.

Beginne deinen heutigen Tag mit deinem Morgenritual.

Mache deine Atemübung heute im Stehen, die Beine befinden sich hüftbreit auseinander, und lege deine Hände auf deinen Unterbauch. Schließe deine Augen, und stelle dir vor, wie aus deinen Fußsohlen Wurzeln herauswachsen, lange Wurzeln, die dich in Mutter Erde verankern und dir das Gefühl von Stärke geben. Lasse während der Atemübung tiefes Vertrauen durch dich hindurchströmen.

Stelle dir dann ein Symbol vor, das deine Stärke verkörpert: einen Baum, einen Felsen, einen Löwen ... Öffne deine Augen, und schüttle deinen ganzen Körper aus. Zeichne hier dein Kraftsymbol auf, und beschreibe, warum du ausgerechnet dieses Symbol gewählt hast:

....

....

....

Suche heute in jeder Begegnung, in jeder Aussage, in jeder Situation das Gute. Wenn dich jemand kritisiert, schaue deinem Gegenüber in die Augen, lächle dabei, und denke an dein Kraftsymbol.

Schreibe auf vier kleine Zettel die Begriffe: innere Ruhe, Gelassenheit, Zuhören und Kraft. Trage sie bei dir, und lies sie dir über den Tag verteilt immer wieder durch.

Dieser unterstützende Gedanke soll dich den ganzen Tag begleiten: »In allem, was mir heute begegnet, finde ich das Gute.« Schreibe ihn hier auf, und sprich ihn 25 Mal:

....

....

Beende deinen heutigen Tag, indem …

… du mit einem »JA!« bestätigst, dass du dein Morgenritual durchgeführt hast: ………..

Lobe dich für die Situationen, in denen du ganz bewusst deinen Fokus auf das Gute gerichtet hast:

....

....

....

....

Welche Situation erforderte mehr Kraft als alle anderen?

....

....

Fiel es dir schwer, gelassen zu bleiben? In welchen Situationen?

Wirst du das nächste Mal etwas verändern?

Hier eine Übung zum Tagesabschluss:

Schreibe auf ein Blatt das Wort »Selbstvertrauen«. Umkreise es mit einem Farb- oder Bleistift gegen den Uhrzeigersinn. Blicke während des Umkreisens einige Minuten lang auf das Schlüsselwort in der Mitte, und konzentriere dich auf das Wort.

Betrachte vor dem Einschlafen deine Zielcollage, und bedanke dich dafür, dass du dein Ziel in deiner Vorstellung bereits erreicht hast.

6. Trainingstag: »Ich will!«

(Heute ist der: ____ ____ ______)

Heute ist mein Tag der Wertschätzung, an dem ich mir meiner Stärken bewusst werde.

Für deinen Erfolg sind einzig und allein deine Stärken entscheidend, erkenne und fördere sie, damit du jeden Tag besser und erfolgreicher bist.

Beginne deinen heutigen Tag mit deinem Morgenritual.

Praktiziere deine Atemübung im Stehen, und visualisiere anschließend dein Kraftsymbol. Mache deinen Namen zu einem Kraftmagneten. Schreibe mit schönen Lettern deinen Namen auf und darunter folgenden Satz: **»Immer wenn ich meinen Namen höre, lese oder ausspreche, weiß ich, dass ich stark, selbstsicher und voller Selbstvertrauen bin.«** Lerne ihn auswendig, und sprich ihn sieben Mal mit geschlossenen Augen:

....

....

Zähle mindestens fünf deiner großen und kleinen Stärken auf:

....

....

....

....

....

Notiere dir, auf welche deiner Stärken du dich heute besonders konzentrieren und wann du sie heute bewusst einsetzen willst:

....

....

....

....

Deine Stärken zu leben, erfüllt dich mit Lebensfreude. Lache daher jetzt laut und aus vollem Herzen, und sprich zehn Mal den Satz: **»Ich liebe mich so, wie ich bin«.**

Begib dich an einen ruhigen Ort. Lege dir eine Rosine oder eine andere Kleinigkeit, die dir schmeckt, auf die Zunge, und schließe deine Augen. Zerbeiße die Rosine nicht, sondern fühle sie, lasse sie langsam im Mund zergehen, und schmecke ihre Süße. Genieße die Rosine. Stelle dir vor, sie sei das Bild für deine Stärke – genieße deine Stärke …

Beende deinen heutigen Tag, indem …

… du mit einem »JA!« bestätigst, dass du dein Morgenritual durchgeführt hast: ....

Lobe dich für das, was du heute gut gemacht hast. Schreibe fünf Beispiele auf. Beginne jeden Satz mit deinem Namen:

.............................., das war ganz toll, als du heute ....
.............................., das war großartig, als du heute ....
.............................., das war wunderbar, als du heute ....
.............................., das war sehr schön, als du heute ....
.............................., das war prima, als du heute ....

Schließe deine Augen, und genieße dein Glück, so vieles richtig gemacht zu haben.

7. Trainingstag: »Ich will!«

(Heute ist der: ____ ____ ________)

Heute ist mein Tag der Lebensfreude, an dem ich mit meiner Ausstrahlung andere Menschen verzaubere.

Dein persönlicher Auftritt, deine Wirkung auf andere entscheiden über deinen Erfolg.

Beginne deinen heutigen Tag mit deinem Morgenritual.

Praktiziere deine Atemübung im Stehen. Verweile anschließend in dieser Position, und richte deine Handflächen nach außen. Stelle dir vor, wie jede Zelle deines Körpers von Licht erfüllt wird. Deine Haut ist durchlässig, und aus jeder Pore strahlt dein Licht, das den ganzen Raum erfüllt. Du bist das Zentrum dieses lichterfüllten Raumes. Genieße dieses Gefühl. Sieh ganz deutlich dein Ziel vor deinem inneren Auge, und flüstere 25 Mal deinen Zielsatz. Halte deine Hände vor dein Gesicht, und bilde mit ihnen eine Schale. Stelle dir in ihr eine Energiekugel vor, in der dir dein Ziel entgegenleuchtet. Betrachte es einige Zeit lang, und spüre seine Energie. Schicke mit deinem Atem die Energiekugel sachte ins Universum. Verweile in dieser glücklichen Vorstellung, dein Ziel erreicht zu haben.

Notiere dir hier deine vielen guten Gründe, warum du fröhlich bist:

....

....

....

....

Beschenke deine Mitmenschen mit deiner guten Laune. Nimm dir vor, heute mindestens 30 Mal zu lachen, davon drei Mal laut.

Welche Menschen in deinem Umfeld lachen sehr viel? Umgib dich vermehrt mit ihnen. Schreibe hier die Namen einiger dieser Menschen auf:

....

Beende deinen heutigen Tag, indem …

… du mit einem »JA!« bestätigst, dass du dein Morgenritual[7] durchgeführt hast: ....

Wen hast du heute mit deinem Lachen verzaubert?

....

....

Wie hat dein Umfeld auf deine fröhliche Ausstrahlung reagiert?

....

....

Welchen Situationen hast du mit deiner Ausstrahlung eine positive Wende gegeben?

....

....

7 Dein Morgenritual ist dir nun zur Gewohnheit geworden und wird im Folgenden nicht mehr zur Kontrolle erwähnt werden.

Rückblick und Erkenntnis

Lies dir nun aufmerksam deine Eintragungen der vergangenen sieben Tage durch. Was stellst du fest?

Besonders stolz bin ich auf diese erreichten Erfolge:

....

....

....

....

In der vergangenen Woche habe ich einiges anders als bisher gemacht. Diese Veränderung habe ich festgestellt:

....

....

....

Ich ertappe mich immer noch bei diesem negativen Gewohnheitsmuster:

....

....

....

Weil dein Unterbewusstsein nur die Sprache der Bilder versteht, machen wir jetzt gemeinsam eine Vorstellungsreise, um dein altes Gewohnheitsmuster zu löschen.

Setze dich bequem auf einen Stuhl oder in einen Sessel, und schließe deine Augen. Stelle dir vor, du sitzt im Kino, und vor dir erscheint die weiße Leinwand. Auf dieser Leinwand siehst du einen schneebedeckten Hang, auf dem sich ganz klar und deutlich zwei Skispuren abzeichnen. Während du dieses Bild betrachtest, erkennst du, wie leicht es wäre, in diese Spuren hineinzugleiten und denselben Weg den Hang hinunterzufahren. Dieser Gewohnheit widerstehst du. Du siehst dich jetzt oben auf dem Schneehügel deine Skier anschnallen. Kreuz und quer fährst du im Slalom über die alte Spur den Hang hinunter. Während du dir selbst dabei zuschaust, wie du die alte Spur zerstörst, empfindest du eine unermessliche Heiterkeit dabei, etwas so Endgültiges zu tun. Öffne nun deine Augen, und atme einige Male bewusst ein und aus. Stehe auf, und schüttele deinen Körper gründlich aus.

Diese Visualisierung hilft dir immer dann, wenn du dich bewusst dafür entscheidest, in einer neuen Weise zu handeln.

Um dich auf die kommende Übungssequenz von sieben Tagen vorzubereiten, vergegenwärtige dir dein Ziel. Hat sich etwas verändert? Willst du etwas anpassen? Schreibe dein Ziel hier noch einmal auf. Damit festigt es sich in deinem Unterbewusstsein:

....

....

....

....

Dein neuer unterstützender Gedanke heißt:
»Ich vertraue mir felsenfest. Ich weiß, dass ich mein Ziel erreiche.«

Lies dir diesen Gedanken jetzt 25 Mal laut vor, und lächle in dich hinein.

8. Trainingstag: »Ich will!«

(Heute ist der: ____ ____ ________)

Heute ist mein Tag der Sichtbarkeit, an dem ich hervortrete und Neues wage.

Du bist ein Gewinner, brich auf, und löse dich aus der Menge. Sei bereit, etwas aufs Spiel zu setzten, dafür wirst du reich belohnt werden.

Beginne deinen heutigen Tag mit deinem Morgenritual.

Schließe deine Augen, und sieh in deiner Vorstellung dein wunderbares Ziel und wie du es erreichst. Sprich laut 25 Mal:
»Ich vertraue mir felsenfest. Ich weiß, dass ich mein Ziel erreiche.«

Tritt heute hervor, und mache dich sichtbar. Wähle eine andere Kleidung als sonst, gehe allein in ein Restaurant, oder grüße laut und freundlich deinen Chef. Notiere dir einige Ideen, wie du heute sichtbar auftreten kannst:

....

....

....

....

....

....

....

Wo hast du bisher geschwiegen? Nimm dir heute vor, in diesen Situationen zu sprechen:

....

....

....

Nimm im Zug, im Gedränge, auf dem Gehweg oder in ähnlichen Situationen mehr Platz als sonst ein, und weiche nicht.

Verpflichte dich jetzt, deine Sichtbarkeit zu genießen. Halte immer wieder inne, nimm diesen Zustand wahr, und freue dich über deine Standhaftigkeit, auch wenn du dich anfangs noch unsicher fühlst.

Beende deinen heutigen Tag, indem …

… du dich dafür lobst, dich auf die folgende Weise sichtbar gemacht zu haben:

....

....

Wie waren deine Gefühle dabei?

....

....

....

Schließe deine Augen, und stelle dir den Moment des heutigen Tages vor, in dem du Mut bewiesen hast, und lasse dich von dieser Vorstellung von Glücksgefühlen durchströmen.

9. Trainingstag: »Ich will!«

(Heute ist der: ____ ____ ______)

Heute ist mein Tag der motivierten Einstellung, an dem ich begeistert bin.

Sei bereit, deine Einstellung zu ändern und sie zum Positiven hin zu wenden, auch wenn sich Situationen schwierig gestalten. Damit veränderst du augenblicklich dein Leben.

Beginne deinen heutigen Tag mit deinem Morgenritual.

Mache deine Atemübung im Stehen, und halte anschließend kurz inne. Schlage mit deiner rechten Faust in deine linke Handfläche, kräftig und entschieden, und sprich dabei laut: »Ich bin begeistert.«

Achte heute auf eine positive Sprache. Verbiete dir, zu jammern, dich zu beklagen und zu lästern, und verwende keine Problemwörter, sondern unterstützende und lebensfreudige Aussagen. Verzichte heute auf Negativnachrichten aus Zeitung, Radio und Fernsehen, und meide negative Menschen.

Welche Situation, die dir heute bevorsteht, hat dich bisher gelangweilt oder geärgert? Mit welchen Menschen in deinem Umfeld fällt dir der Umgang schwer? Notiere dir, wie du den Situationen mit ihnen eine Wende geben kannst, dass sie zu einer begeisternden Erfahrung werden:

....

....

....

....

Je mehr du die Fähigkeit entwickelst, jeder Situation eine positive Wende zu geben, desto mehr entwickelt sich dein Vertrauen, dass du jeder Situation gewachsen bist.

Beende deinen heutigen Tag, indem …

… du dich erinnerst: Was hast du heute mit Begeisterung erledigt?

Welchen langweiligen oder ärgerlichen Situationen hast du bewusst eine positive Wende gegeben?

Schließe deine Augen, und erinnere dich an deine stärksten Momente des Tages. Du bist dir gewiss, dass dir diese positive Einstellung auch weiterhin gelingen wird.

10. Trainingstag: »Ich will!«

(Heute ist der: ____ ____ ______)

Heute ist mein Tag des uneingeschränkten Vertrauens, an dem ich bewusst meine Angst überwinde.

Dein wachsendes Vertrauen lässt deine Angst immer kleiner werden.

Beginne deinen heutigen Tag mit deinem Morgenritual.

Bleibe anschließend noch einige Minuten lang sitzen, und denke darüber nach, welche Situation dir heute bevorsteht, die dir Angst bereitet. Erlebe diese Situation vor deinem inneren Auge im Voraus. Notiere dir, wie es dir gelingt, dass du dabei stark, mutig und selbstsicher bleibst:

....

....

....

....

....

Stelle dir deinen Zweifel als einen Gegenstand oder ein Tier vor, setze ihn auf einen Stuhl in die Ecke, und sage laut: »Jetzt habe ich keine Zeit für dich.«

Gib auch deiner Angst eine Gestalt. Zeichne oder beschreibe sie im folgenden Feld:

Hier erhältst du eine Vorstellungsreise. Lies sie dir zuerst aufmerksam durch, und schließe dann deine Augen. Stelle dir eine Seifenblase vor, die in wunderschönen Farben schillert. In dieser Seifenblase ist deine Angst eingesperrt. Bleibe ruhig, und fühle dich sicher, denn die Angst ist von dir abgetrennt. Du bist hier, und die Angst ist dort. Betrachte die Seifenblase aufmerksam. Langsam, ganz langsam beginnt sie, sich zu verändern. Sie verliert an Glanz, sie verliert an Farbe. Allmählich bewegt sie sich von dir weg. Sie wird immer kleiner und kleiner, immer farbloser. Bald kannst du deine Angst in der fahlen Seifenblase nicht mehr erkennen. Die Seifenblase ist jetzt ganz klein und zerplatzt schließlich.

Öffne nun deine Augen, schlage mit deiner rechten Faust in deine linke Handfläche, kräftig und entschieden, und sprich dabei laut:
»Jetzt vorwärts in den neuen Tag. Ich schaffe es.«

Wiederhole die Vorstellungsreise mit der Seifenblase so oft, wie du möchtest.

Verpflichte dich an dieser Stelle, »STOPP!« zu sagen, wenn sich Angst und Zweifel melden. Versprich dies mit einem »JA!«: ....

Beende deinen heutigen Tag, indem …

… du dich dafür lobst, dass du trotz deiner Angst gehandelt hast. Auf welche heutige Handlung von dir bist du besonders stolz?

....

....

....

....

....

....

....

Du hast heute Selbstvertrauen gewonnen, weil du dir bewiesen hast, dass du auch mit schwierigen Situationen fertig wirst.

11. Trainingstag: »Ich will!«

(Heute ist der: ____ ____ ______)

Heute ist mein Tag der Körperwahrnehmung, an dem ich den Bedürfnissen meines Körpers uneingeschränkte Beachtung schenke.

Vitalität, Energie, Lebensqualität und Lebensfreude bedeuten Gesundheit. Als Gewinner achtest du auf deine Gesundheit, denn sie verleiht dir eine einnehmende Ausstrahlung.

Beginne deinen heutigen Tag mit deinem Morgenritual.

Erinnere dich an das Symbol, das du deinem Körper gegeben hast.[8] Dieses Symbol soll dich heute daran erinnern, dass dein Körper dein Freund ist, den du schützen und pflegen darfst.

Plane heute Erholungspausen ein. Halte sie im Voraus schriftlich fest, auch die ganz kurzen:

....

....

Wähle deine Nahrung achtsam. Verzichte heute auf:

....

Ersetze dies durch:

....

8 Siehe Kapitel »Selbstachtung«, S. 29.

Achte darauf, dass du immer frisches Wasser zur Verfügung hast, und trinke stündlich.

Verwöhne deinen Körper heute besonders – durch eine Massage, ein Schaumbad, einen Waldlauf oder Ähnliches.

Beende deinen heutigen Tag, indem …

… du dich dafür lobst, dass du deinem Körper Beachtung geschenkt hast, weil du:

....

....

Wie hast du deine Erholungspausen gestaltet?

....

....

Was wirst du in Zukunft im Umgang mit deinem Körper dauerhaft verändern?

....

....

....

Folgendes Ritual soll dir zur Gewohnheit werden:
Betrachte Wasser als Lebenselixier. Gieße kühles Wasser in ein Glas ein, z. B. vor dem Schlafengehen. Entspanne dich, und trinke das Wasser ganz langsam. Sage dir, dass dieses Wasser dein Lebenselixier ist und dein Jungbrunnen. Stelle dir vor, dass sich jeder Schluck dieses Wassers in jede Zelle deines Körpers verteilt, es wischt alle Unreinheiten weg und schenkt dir Energie, Lebensfreude, Schönheit und Gesundheit.

12. Trainingstag: »Ich will!«

(Heute ist der: ____ ____ _______)

Heute ist mein Tag der Ausdauer, an dem ich unaufhaltsam und diszipliniert dranbleibe.

Nichts und niemand kann dich von deinem Ziel abbringen. Auf deinem Weg zum Ziel bist du der Marathonläufer.

Beginne deinen heutigen Tag mit deinem Morgenritual.

Beende deine Atemübung, indem du dir dein Symbol der Stärke vergegenwärtigst.

Dein Ziel lebt ganz in dir. Bekräftige es, indem du es hier noch einmal aufschreibst:

....

....

Welche Motive treiben dich zu deinem Ziel, warum willst du es unter allen Umständen erreichen?

....

....

Welcher Schritt wird dich heute deinem Ziel näherbringen?

....

....

Notiere dir, wie du dir deine Zeit heute einteilst, um sie gut zu nutzen:

....

....

Welches Hindernis könnte dich heute bremsen? Weiche ihm nicht aus, und notiere dir, wie du es bewältigen wirst:

....

....

....

Schlage mit deiner rechten Faust in deine linke Handfläche, kräftig und entschieden, und sprich dabei laut:
»Vorwärts in den neuen Tag. Ich schaffe es.«

Beende deinen heutigen Tag, indem …

… du reflektierst, auf welche Erfolge du heute stolz bist:

....

....

....

Was hat dein Selbstvertrauen heute besonders gestärkt?

....

....

Schließe deine Augen, und erinnere dich an deinen stärksten heutigen Moment. Spüre, wie sich dein Selbstvertrauen von Tag zu Tag festigt.

13. Trainingstag: »Ich will!«

Heute ist der: ____ ____ ________

Heute ist mein Tag der Wortgeschenke, an dem ich durch wertschätzende Aussagen Brücken zu meinen Mitmenschen baue.

Mit jedem Kompliment, das du aussprichst, erfreust du nicht nur deine Mitmenschen, sondern auch dich selbst.

Beginne deinen heutigen Tag mit deinem Morgenritual.

Besinne dich auf deine Stärken. Mache dir drei Komplimente, und notiere sie hier:

....

....

....

....

....

....

Nimm dir vor, mindestens fünf Personen, die du kennst, und drei Personen, die du nicht kennst, ein Kompliment zu machen. Wenn du deinerseits ein Kompliment erhältst, bedanke dich, und freue dich aufrichtig darüber.

Beende deinen heutigen Tag, indem …

… du dir drei Komplimente machst, die sich auf deinen heutigen erfolgreichen Tag beziehen:

....

....

....

Welchen Personen hast du heute Wortgeschenke gemacht?
Wie haben sie reagiert?

....

....

....

....

Welche Komplimente hast du selbst erhalten?

....

....

....

Welche Gefühle haben diese Komplimente in dir ausgelöst?

....

....

....

14. Trainingstag: »Ich will!«

(Heute ist der: ____ ____ ________)

Heute ist mein Tag der Dankbarkeit, an dem ich erkenne, dass Dankbarkeit meine innere Stabilität, meine Ruhe und mein Selbstvertrauen möglich macht.

Gleich einem Magneten zieht Dankbarkeit alles in dein Leben, wofür du dankbar bist. Gewöhne dir deshalb an, dankbar durch das Leben zu gehen, denn dadurch vermehrst du das Gute, dein Wohlbefinden, dein Vertrauen und deinen Erfolg. Bedanke dich für alles, was du bereits hast, und für das, was noch werden soll.

Beginne deinen heutigen Tag mit deinem Morgenritual.

Denke über deine bisherigen Fortschritte nach, und empfinde tiefe Dankbarkeit.

Notiere dir fünf Sätze der Dankbarkeit für den Erfolg, den du in den letzten Tagen erreicht hast:

....

....

....

....

....

....

Bedanke dich bereits im Voraus für das, was dir der heutige Tag bringen wird:

....

....

Welchen Menschen wirst du heute begegnen? Wofür bist du ihnen dankbar?

....

....

....

Du bist gut, so, wie du bist. Wie bist du, wie nimmst du dich wahr, wofür bist du dankbar?

....

....

Mache dir bewusst, dass Dankbarkeit das Gegenteil von Gleichgültigkeit ist. Mit deiner Dankbarkeit richtest du deine Aufmerksamkeit auf das Gute und Schöne im Leben.

Beende deinen heutigen Tag, indem …

… du dich erinnerst: Welchen Menschen bist du heute begegnet, und wie hast du deiner Dankbarkeit Ausdruck verliehen?

....

....

....

Für welche heutige Erfahrung bist du besonders dankbar?

....

....

....

Was hat es in dir bewirkt, den Tag in Dankbarkeit zu leben? Warst du ruhiger, gelassener, fröhlicher?

....

....

....

....

Bereite deinen morgigen Tag am Abend vor, indem …

… du deine Augen schließt und dein Ziel wie auf einer Leinwand im Kino sichst. Genieße diesen Film, und bedanke dich aus ganzem Herzen dafür, dass du dein Ziel bereits erreicht hast.

Welche Fähigkeit willst du noch mehr festigen? Bedanke dich bereits heute dafür, dass du sie haben wirst:

....

....

....

....

....

Rückblick und Erkenntnis

Betrachte dich lange im Spiegel, betrachte dich kritisch und wohlwollend zugleich. Bisher hast du dein Bestmögliches getan. Erkenne dies, und lobe dich dafür. Damit gibst du dir Kraft, den letzten Teil des Weges zu gehen.

Das waren meine erfolgreichsten Momente der letzten 14 Tage:

....

....

....

....

In diesen Situationen der letzten Woche habe ich mir vertraut:

....

....

....

....

Diesen Unterschied zu früher stelle ich fest:

....

....

....

....

Lies dir deinen Zieltext[9] durch. Willst du etwas verändern, anpassen, ergänzen? Beschreibe dein Ziel genau so, wie es sein soll:

....

....

....

....

....

....

....

Dein unterstützender Gedanke, der dich täglich an dein Ziel erinnert, heißt:

....

....

....

....

Sprich diesen unterstützenden Satz jetzt 25 Mal laut aus. Lächle anschließend in dich hinein.

9 Siehe »Die Vorbereitung auf das 21-Tage-Programm«, S. 97.

15. Trainingstag: »Ich will!«

(Heute ist der: ____ ____ ______)

Heute ist mein Tag der absoluten Klarheit, an dem ich mein Ziel sehe, fühle und mit Selbstvertrauen erwarte.

Es sind klare Gedanken und Vorstellungsbilder, die dich zu gewünschten Ergebnissen führen.

Beginne deinen heutigen Tag mit deinem Morgenritual.

Blicke dir im Spiegel in die Augen, und sprich 25 Mal:
»Mein felsenfestes Vertrauen führt mich zum Ziel.«

Welchen wichtigen Schritt wirst du heute gehen, um deinem Ziel näherzukommen? Formuliere ihn klar und präzise:

....

....

....

Heute bist du ein Magnet für alles Gute. Welche erfolgreichen Ergebnisse erwartest du dir von dem Tag? Formuliere sie klar und präzise:

....

....

....

....

Lasse diesen heutigen Erfolg wie einen Film vor deinem inneren Auge ablaufen. Spüre dieses einmalige Gefühl, dein Ziel erreicht zu haben. Verweile in diesem Erfolgsgefühl noch einige Zeit, und spüre, wie du ganz zum Erfolgsmagneten wirst, der alles Erwünschte anzieht.

Beende deinen heutigen Tag, indem …

… du dir notierst, was du heute alles Gutes in dein Leben gezogen hast:

....

....

Gibt es Aspekte deines Ziels, hinsichtlich derer du noch mehr Klarheit schaffen willst, um bessere Ergebnisse zu erzielen?

....

....

Belohne dich heute für deinen Erfolg.

Beende deinen Tag mit einer Vorstellungsreise. Setze oder lege dich bequem hin, und schließe deine Augen. Atme ruhig in deinen Bauch hinein, und lasse dich mit jedem Atemzug tiefer in deine Entspannung sinken. Sieh dich an einem wunderbaren Ort, an dem du dich geborgen fühlst. Wende dein Gesicht der Sonne zu. Ihre Strahlen wärmen dein Gesicht und deinen Körper. Ziehe die Sonnenstrahlen gleich einem Magneten in dich hinein. Ziehe mit derselben Intensität dann dein Ziel an. Sieh es ganz klar vor dir, und ziehe es mit jedem Sonnenstrahl, den du in dich aufnimmst, näher zu dir heran. Du bist durchdrungen von Licht, durchdrungen von deinem Ziel.

Schließe mit dieser Vorstellung und einem Gefühl der Gewissheit, dein Ziel erhalten zu haben, deinen Tag ab.

16. Trainingstag: »Ich will!«

(Heute ist der: ____ ____ _______)

Heute ist mein Tag der Konzentration, an dem ich zielgerichtet denke und handle.

Indem du alle deine Gedanken und alle deine Taten auf dein Ziel ausrichtest, wirst du alles erreichen. Lasse dich durch nichts erschüttern und von niemandem beirren.

Beginne deinen heutigen Tag mit deinem Morgenritual.

Blicke dir im Spiegel in die Augen, und sprich 25 Mal:
»Mein felsenfestes Vertrauen führt mich zum Ziel.«

Welche Fähigkeit ist für deine Zielerreichung entscheidend? Richte darauf heute deine Konzentration:

....

Welche Ablenkung, welche Störung (z. B. durch Menschen, Wetter, Angst) ist dabei möglich? Wie willst du den Ablenkungen begegnen und auf sie reagieren? Sei vorbereitet, indem du dir einen Plan machst:

....

....

....

Solltest du in deiner Zielfokussierung gestört oder abgelenkt werden, sage energisch: »Stopp, nicht jetzt.« Richte danach deine Gedanken wieder auf dein Ziel aus.

Beende deinen heutigen Tag, indem …

… du dir notierst, welche Tätigkeiten du heute vollkommen konzentriert erledigt hast:

....

....

....

Wie war dein Umgang mit Ablenkung?

....

....

....

....

Hast du neue Erkenntnisse gewonnen, die du zu einer neuen Gewohnheit machen wirst?

....

....

....

Beschreibe deinen heutigen Fortschritt, und lobe dich dafür mit einem bestärkenden Satz:

....

....

....

17. Trainingstag: »Ich will!«

(Heute ist der: ____ ____ _______)

Heute ist mein Tag des freien Sprechens, an dem ich übe, mich vor anderen selbstsicher zu äußern.

Erfolgreich kannst du nur werden, wenn du keine Angst hast, vor anderen zu sprechen.

Beginne deinen heutigen Tag mit deinem Morgenritual.

Blicke dir im Spiegel in die Augen, und sprich 25 Mal:
»Selbstsicher und ruhig spreche ich vor anderen.«

Mit wem wirst du heute sprechen? Nimm dir vor, jedem Gesprächspartner in die Augen zu sehen und laut, klar und deutlich zu reden.

Welche Person ist für deinen Erfolg besonders wichtig? Notiere dir hier, was du zu dieser Person sagen willst, und sprich den Satz zehn Mal laut aus, während du dir im Spiegel in die Augen siehst:

....

....

....

....

....

....

Könnten sich heute weitere Möglichkeiten ergeben, um laut und deutlich vor einer kleinen oder größeren Gruppe zu sprechen? Jeder noch so kleine Auftritt zählt (z. B. in einem Verkaufsgespräch, am Arbeitsplatz, im Freundeskreis):

....

....

....

....

Weiche solchen Situationen heute nicht aus. Schließe deine Augen, und stelle dir einige Situationen vor, in denen du selbstsicher sprichst und indem deine Körperhaltung aufrecht ist und Sicherheit signalisiert. Dein Atem ist ruhig.

Beende deinen heutigen Tag, indem …

… du dich erinnerst, mit wem du gesprochen hast. Wie waren deine Körperhaltung, deine Mimik und Gestik während des Sprechens? Hast du auf etwas besonders geachtet?

....

....

....

....

....

....

Ziehe eine Bilanz aus deinem heutigen Tag: Warum ist freies Sprechen wichtig für deine Zielerreichung?

....

....

....

....

....

Wie sieht dein ideales Selbstbild aus, wenn du vor Menschen sprichst. Was willst du noch verbessern?

....

....

....

....

....

Schließe deinen Tag mit diesen inneren Bildern deines selbstsicheren Auftritts ab.

18. Trainingstag: »Ich will!«

(Heute ist der: ____ ____ ________)

Heute ist mein Tag der inneren Ruhe und Gelassenheit, an dem ich bereit bin, alles loszulassen, was mich daran hindert, der zu sein, der ich sein möchte.

Zu den Stärken eines Gewinners gehört es, sich mutig von inneren Fesseln zu lösen. Sei dir bewusst: Du kannst nur vorankommen, wenn du innerlich frei bist.

Beginne deinen heutigen Tag mit deinem Morgenritual.

Blicke dir im Spiegel lange in die Augen. Erkenne, dass es vollkommen unwichtig ist, was jemand über dich denkt oder sagt. Es kommt nur darauf an, was die Person im Spiegel über dich sagt.

Gibt es Erinnerungen in deinem Leben, z. B. an andere Menschen, an Situationen, die dich heute noch belasten, die dich traurig oder wütend machen? Wenn ja, schreibe sie dir hier von der Seele:

....

....

....

....

....

....

Verpflichte dich heute dazu, diese Menschen, diese Situationen aus deinem Leben zu entlassen. Nimm dir Zeit für eine Meditation, denn zum Loslassen brauchst du die Unterstützung deines Unterbewusstseins. In dieser Meditation gibst du über ein Bild deinem Unterbewusstsein zu verstehen, dass du bereit bist, einen Menschen oder eine Situation aus deinem Leben endgültig zu verabschieden.

Mache es dir auf einem Stuhl oder in einem Sessel bequem, und schließe deine Augen. Zeichne in deiner Vorstellung einen Kreis um dich herum, dessen Radius der Länge deines ausgestreckten Arms entspricht. Stelle dir nun diesen Kreis als einen goldenen Reif vor, wie von Sonnenlicht erleuchtet, und setze dich in seine Mitte.

Stelle dir nun vor dir einen zweiten Lichtkreis vor, der deinen berührt, ohne dass sich die Kreise überlappen. Im Zentrum dieses zweiten Lichtkreises siehst du die Person, die du aus deinem Leben entlassen willst. Sobald du die beiden Kreise vor deinem inneren Auge klar sehen kannst, stelle dir ein blassblaues Licht vor. Es entspringt dem Berührungspunkt der beiden Lichtkreise und fließt im Uhrzeigersinn zuerst um den Kreis herum, in dem sich dein Gegenüber befindet, kommt zum Berührungspunkt zurück, umspült deinen Lichtreif und beschreibt damit eine Acht. Stelle dir diese Lichtbewegung in Form einer Acht mehrere Male vor.

Nun löst sich der Lichtkreis, in dem dein Gegenüber sitzt, langsam von deinem und bewegt sich von dir weg. Beobachte, wie sich der Ring von dir entfernt und dadurch die Person immer kleiner und kleiner wird. Spüre den Schutz und die Geborgenheit, die dir dein Lichtkreis vermittelt – du bist hier, und der Lichtkreis deines Gegenübers ist bereits weit weg, ganz klein, die Person darin ist nicht mehr zu erkennen. Zuletzt siehst du nur noch einen Punkt, der sich schließlich in unzählige Lichtsplitter zerstreut.

Wiederhole diese Meditation mehrmals. Anstatt einer Person kannst du dir auch eine Situation in dem gegenüberliegenden Lichtkreis vorstellen.

Sprich folgenden unterstützenden Satz: »**Ich bin frei. Ich wende mich jetzt meinem glücklichen Leben zu. Ich bin gut, so, wie ich bin.**«

Sage heute immer dann, wenn belastende Erinnerungen aufsteigen, energisch: »**STOPP!**« Hole dabei deine Gedanken in den gegenwärtigen Augenblick zurück, und wiederhole laut deinen unterstützenden Satz.

Beende deinen heutigen Tag, indem …

… du dir deiner Gefühle bewusst wirst, die die Meditation in dir ausgelöst hat. Wie geht es dir in deinem befreienden und beschützenden Lichtkreis?

19. Trainingstag: »Ich will!«

(Heute ist der: ____ ____ _______)

Heute ist mein Tag der Meisterleistung, an dem ich bereit bin, 110 Prozent zu geben.

Übersteige deine Grenzen, gehe die zusätzliche Meile, und erreiche Spitzenergebnisse!

Beginne deinen heutigen Tag mit deinem Morgenritual.

Blicke dir im Spiegel in die Augen, und sprich 25 Mal:
»Mein felsenfestes Vertrauen führt mich zum Ziel.«

Prüfe deine Arbeitsweise. Teilst du deine Arbeit ein, beginnst du mit dem Wichtigsten, oder verschiebst du vieles? Konzentrierst du dich auf das Wesentliche, auf dein Ziel und deinen Erfolg, oder vergeudest du deine Energie mit belanglosen Kleinigkeiten?

....

....

....

Auf welche nicht Erfolg bringenden Tätigkeiten wirst du heute verzichten (z. B. Privatgespräche während der Arbeit, Tagträumen nachhängen …)?

....

....

....

Schreibe mindestens eine Tätigkeit auf, bei der du heute 110 Prozent geben wirst:

....

....

....

Was wirst du heute tun, ohne dazu aufgefordert worden zu sein, ohne dass du dafür bezahlt wirst?

....

....

Akzeptiere heute kein Mittelmaß. Was wirst du heute anders machen, worin soll sich deine außergewöhnliche Leistung zeigen? Wirst du motivierter und sorgsamer sein, oder wirst du deine Arbeitszeit verlängern?

....

....

....

Schließe deine Augen, und sieh dir in deiner Vorstellung dabei zu, wie du genau diese Dinge tust.

Beende deinen heutigen Tag, indem …

… du dich erinnerst: Bei welcher Tätigkeit hast du heute 110 Prozent gegeben?

....

....

Wie waren deine Gefühle danach?

....

....

....

Warum ist es für deine Zielerreichung wichtig, 110 Prozent zu geben?

....

....

....

In welchen Bereichen deines Lebens willst du das 110-Prozent-Prinzip künftig weiter praktizieren?

....

....

....

Welche Zeitfresser, die dich daran hindern, 110 Prozent zu geben, wirst du künftig endgültig eliminieren?

....

....

....

20. Trainingstag: »Ich will!«

(Heute ist der: ____ ____ ________)

Heute ist mein Tag der Selbstannahme, an dem ich beschließe, mich selbst so zu lieben, wie ich bin und mich mit all meinen Schwächen und Unzulänglichkeiten anzunehmen.

Sei dir bewusst: Liebe beginnt daheim, in dir. Wage es, dich in jeder Situation deines Lebens, die dir schwierig erscheint, durch die Liebe leiten zu lassen. Erzeuge bewusst Liebe, und lasse sie lebendig werden. Dafür wirst du reich beschenkt werden – mit Gelassenheit, Harmonie und Selbstvertrauen.

Beginne deinen heutigen Tag mit deinem Morgenritual.

Stelle dir die Liebe als ein strahlendes Licht vor, das dich vollkommen ausfüllt, durchflutet und aus deinem Körper heraus ins Universum strahlt. Erzeuge mit diesem wunderbaren Bild der Liebe Kraft nach innen und nach außen. Liebe dich so, wie du bist. Nimm dich so an, wie du bist. Was kann dir noch Angst machen? Was kann noch geschehen? Notiere dir, welche Kritikpunkte du an dir noch findest. Liebe dich, obwohl du diese noch hast.

Ich liebe und akzeptiere mich, obwohl …

....

Ich liebe und akzeptiere mich, obwohl …

....

Ich liebe und akzeptiere mich, obwohl …

....

Was liebst du an dir ohne Einschränkung?

Ich liebe mich, weil …

....

Ich liebe mich, weil …

....

Ich liebe mich, weil …

....

Welchen materiellen Gegenständen in deinem Leben bringst du Liebe und eine bejahende Haltung entgegen (z. B. Kleidung, Einkommen, Rechnungen …)?

....

....

....

Welchen Menschen wirst du heute begegnen? Stelle dir zwischen dir und all diesen Menschen Strahlen der Liebe vor. Denke über dein Ziel nach, und notiere, was du an deinem Ziel liebst:

....

....

....

Zähle alle positiven Eigenschaften auf, die du für deine Zielerreichung brauchst (z. B. Mut, Durchhaltewillen, eine klare Sprache …). Es spielt keine Rolle, ob du sie bereits hast oder noch nicht:

....

....

....

Formuliere zu diesen Eigenschaften einige unterstützende Sätze wie **»Ich liebe mich, weil ich mutig bin«**, **»Ich liebe mich, weil ich dranbleibe«**, und lies sie dir mehrmals langsam vor:

....

....

....

....

Lasse ein Gefühl des Respekts in dir aufsteigen. Respektiere deine Leistung, respektiere dich selbst. Verpflichte dich, respektvoll mit dir umzugehen, respektvoll mit dir zu sprechen und über dich zu denken.

Beende deinen heutigen Tag, indem …

… du dich erinnerst: In welchen Situationen hat dich das Bild der strahlenden Liebe heute begleitet und unterstützt?

....

....

....

Hat sich der respekt- und liebevolle Umgang mit dir selbst auf deinen Umgang mit deinen Mitmenschen ausgewirkt? Wie haben sie reagiert?

....

....

....

....

Bereite deinen morgigen Tag am Abend vor, indem …

… du dir noch einmal die Eigenschaften notierst, die dich zum Ziel führen:

....

....

....

....

Schließe deine Augen. Lasse vor deinem inneren Auge jedes Wort (z. B. Mut) in lichtvollen Buchstaben erstrahlen. Atme dieses Licht ein, steige hinein, lasse dich vollkommen von diesem Licht einnehmen und durchdringen.

Öffne nun deine Augen, und mache diese Übung zu einem täglichen Ritual.

21. Trainingstag: »Ich will!«

Heute ist der: ____ ____ ______)

Heute ist mein Tag der Selbstverantwortung, an dem ich erkenne, dass einzig und allein ich über meinen Erfolg bestimme.

Präge deinem Unterbewusstsein das Gefühl des Vertrauens ein, und programmiere es auf Erfolg.

Beginne deinen heutigen Tag mit deinem Morgenritual …

… und deinem bestärkenden Gedanken, den du 25 Mal laut sprichst: **»Mein felsenfestes Vertrauen führt mich zum Ziel.«**

Erinnere dich: In welcher Situation hast du diese oder letzte Woche das felsenfeste Vertrauen erlebt – in dich, in deine Leistung, in deinen Erfolg?

....

....

....

Folgende Übung hilft dir, das Gefühl des Vertrauens tief in deinem Unterbewusstsein einzuprägen. Lies sie dir zuerst genau durch, führe sie dann entspannt durch, und gehe danach gestärkt in den Tag.

Setze dich bequem hin, schließe deine Augen, und erlebe noch einmal die oben notierte Situation. Lasse dir Zeit, und betrachte vor deinem inneren Auge jedes Detail. Erwecke dieses Gefühl des Vertrauens in dir wieder, lasse es immer stärker werden, bis es dich ganz erfüllt. Fühle es so intensiv, wie du nur kannst.

Presse nun Mittelfinger und Daumen gegeneinander, und halte diesen Druck einige Sekunden lang aufrecht. Visualisiere die Situation, fühle das tiefe Vertrauen, spüre den Druck deiner aufeinandergepressten Finger.

Öffne die Augen, und gehe mit diesem Gefühl in den Tag. Nimm dir vor, mindestens fünf Mal während des Tages diese Übung in verkürzter Form zu machen: Halte inne, erinnere dich an die Situation, presse deine Finger aneinander, spüre das Vertrauen. Dieses Zusammendrücken ist von nun an ein Erinnerungszeichen, ein Anker für dein Unterbewusstsein. Verpflichte dich, diese Übung oft zu praktizieren, damit sie sich als Gewohnheit fest in dein Unterbewusstsein einprägt.

Beende deinen heutigen Tag, indem …

… du dich erinnerst: In welchen Situationen hast du heute erfolgreich deinen Anker genutzt und deinem Unterbewusstsein das Erinnerungszeichen gegeben?

....

....

....

....

....

In welchen bevorstehenden Situationen wirst du ganz bewusst das Erinnerungszeichen geben und das Gefühl des Vertrauens aktivieren?

....

....

....

Visualisiere heute an deinem letzten Trainingstag dein Ziel. Setze oder lege dich bequem hin, und schließe deine Augen. Atme ruhig in deinen Bauch hinein, und sinke mit jedem Atemzug immer tiefer in die Entspannung. Sieh vor deinem inneren Auge jedes Detail deines Ziels. Nimm es mit allen Sinnen wahr, nimm es in deiner Vorstellung ganz in Besitz. Spüre das wunderbare Glücksgefühl, dass sich dabei in dir ausbreitet. Drücke deinen Anker, und spüre dabei das Vertrauen und die Gewissheit: »Ich habe es erreicht!«

Schlussbetrachtung

Gleich einem Baum hat sich dein Vertrauen in den letzten Wochen entwickelt: Zuerst brauchtest du Wurzeln, um dich in der Kraft der Erde zu verankern. Dies ist dein erworbenes Grundwissen über die mentalen Gesetzmäßigkeiten. Dann wuchsen dein Stamm, deine Äste und deine Blätter der Sonne entgegen. Dazu brauchtest du die aktive Anwendung deines Wissens. Um sicher und aufrecht zwischen Himmel und Erde zu stehen, brauchst du beides: die Nahrung von Erde und Sonne.

Schließe deine Augen, entspanne dich, und begib dich in Gedanken an deinen Lieblingsort. An diesem Ort findest du deinen Baum. Wie sieht er aus? Es macht nichts, wenn du nicht weißt, von welcher Art er ist, Hauptsache, du kannst ihn klar und deutlich vor deinem inneren Auge sehen. Gehe auf deinen Baum zu, strecke ihm deine Arme entgegen, und lege sie um seinen Stamm. Verweile so einige Zeit lang in Gedanken, und spüre die Kraft deines Baumes. Öffne dann deine Augen, zeichne deinen Baum in das Kästchen, und lasse drum herum etwas Raum zum Reinschreiben.

Blicke zurück, und erinnere dich. Was waren deine Erfolge?

....

....

....

....

....

Beschrifte nun deinen Baum, indem du zu jeder Wurzel eine der in den letzten drei Wochen gewonnenen Fähigkeiten aufschreibst (z. B. Gelassenheit). Schreibe zu den Ästen, welche Erfolge du durch diese Fähigkeiten erreicht hast (z. B. Bedürfnisse äußern, aufrechte Körperhaltung.)

Welche wichtigen Erkenntnisse hast du in den vergangenen 21 Tagen über deinen Erfolgsweg gewonnen? Was hat gut geklappt, was weniger?

....

....

....

....

....

In welchem Bereich wirst du beharrlich weiterarbeiten und dich weiterentwickeln, um dein Ziel zu erreichen?

....

....

....

Welche wertvollen Gewohnheiten wirst du von nun an dauerhaft pflegen?

....

....

....

....

Vermerke auf den folgenden Skalen deinen heutigen Stand. Um deinen Fortschritt deutlich zu erkennen, notiere dir in einer anderen Farbe deinen früheren Stand zu Beginn deines Trainings.

Selbstbewusstsein: Hast du dich beobachtet und dabei erkannt, wie du denkst, fühlst und handelst?

0 1 2 3 4 5 6 7 8 9 10

Selbstwert: Kannst du Nein sagen, Bedürfnisse aussprechen und Grenzen klar signalisieren? Bist du dir deines Wertes bewusst?

0 1 2 3 4 5 6 7 8 9 10

Selbstwirksamkeit: Lebst du deine Fähigkeiten und Stärken?

0 1 2 3 4 5 6 7 8 9 10

Selbstachtung: Nimmst du deinen Körper ernst, stärkst du ihn mit deinen Gedanken und Gefühlen? Kannst du »STOPP« sagen?

0 1 2 3 4 5 6 7 8 9 10

Selbstsicherheit: Wie bewertest du deine Ausstrahlung, deine Körpersignale und deine Sprache?

0 1 2 3 4 5 6 7 8 9 10

Bewerte zum Schluss dein gesamtes Selbstvertrauen. Es setzt sich aus allen »Selbst-Eigenschaften« zusammen.
Gib dir eine Zahl zwischen 0 und 10: ....

Welche Gedanken und Gefühle kommen jetzt in dir hoch?

....

....

....

Es ist Zeit, dich zu loben und dir selbst zu gratulieren, weil du 21 Tage durchgehalten hast. Bereits diese Durchhaltekraft, dieser Wille und deine Disziplin unterscheiden dich von der Mehrheit der Menschen. Sei dir bewusst: Die meisten Menschen reden viel und tun nur wenig. Die Mehrheit vergeudet ihre Zeit mit Diskussionen darüber, was man tun sollte oder könnte.

Du hingegen hast dich für Veränderung entschieden und getan, was zu tun war.

Herzliche Gratulation!

Ich bin auf mich stolz und belohne mich so:

....

....

....

....

....

Nachwort

Das Leben ist Herausforderung und Spiel zugleich. Mit diesem 21-Tage-Programm haben deine Wünsche aufgehört, Fantasien zu sein. Sie haben begonnen, Realität zu werden, als du dazu übergegangen bist, an deine Fähigkeiten zu glauben. Du hast dich entschieden, diesen Erfolgsweg zu gehen, und beschlossen, dass nichts und niemand dir sagen darf, dass du es nicht kannst – dieser Schritt ist die größte Herausforderung.

Du hast erkannt, dass du der Gestalter deines Lebens bist und dass nichts im Leben zufällig geschieht. Du hast erkannt, dass das Leben zu wertvoll ist, um es erfolglos und mittelmäßig zu führen.

Du hast verstanden, dass Erfolg zu haben heißt, sich mutig auf eine Entdeckungsreise zu begeben und das Leben als ein Spiel zu betrachten. In einem Spiel ist alles möglich, in einem Spiel bist du bereit, zu träumen, zu riskieren und zu wagen. In einem Spiel erwartest du, als Gewinner herauszugehen. Genauso verhält es sich in dem Spiel »erfolgreiches Leben«. Du hast dich mit diesem Begleiter auf den Weg begeben, um die Kraft deines Vertrauens zu entdecken, zu spüren, dich von ihr antreiben zu lassen, und nun gehst du als Gewinner heraus. Dein Vertrauen verleiht jedem deiner Gedanken und jeder deiner Handlungen durchschlagende Kraft. Dieses Vertrauen aktiviert alle Erfolgseigenschaften: deine Hartnäckigkeit, deinen Mut, deine Disziplin und deinen Experimentierwillen. Belohnt wirst du mit Erfolg. Das Innere erzeugt das Äußere. Dein Vertrauen kontrolliert deine Gedanken und damit deine äußeren Handlungen. Denke erfolgreich, sprich erfolgreich, und vertraue beharrlich, dann wird dich nichts und niemand an deinem Erfolg hindern können.

Es gibt nichts Schöneres, als mit Vertrauen den Weg zu den eigenen Zielen zu gehen. Ich wünsche dir weiterhin viel Freude dabei.

Deine Marjeta Gurtner

Über die Autorin

Ich bin diplomierte Mentaltrainerin nach Kurt Tepperwein. Neben meiner Arbeit als selbstständige Beraterin, Seminarleiterin und Dozentin bin ich Reiki-Meisterin nach Dr. Mikao Usui und arbeite als Mentaltrainerin für Schüler und Studenten an der Privatschule Olten sowie der Informatikschule Olten. In meiner Arbeit verknüpfe ich verschiedene mentale Ansätze zu einer ganzheitlichen Methode, die ich in meiner eigenen Akademie, in Vorträgen und Seminaren weitergebe.

Über den Kontakt mit dir freue ich mich!

Erzähle mir von deinen Erfolgen, von deinen kleinen und großen Schritten, von deiner Begeisterung, erfolgreich zu sein. Sollte es dir einmal nach Aufgeben zumute sein, weil sich vorübergehend nicht viel bewegt, dann schreibe mir erst recht.

Marjeta Gurtner
Ganzheitliches Mentaltraining
direct@mg-erfolg.ch
www.mg-erfolg.ch

Bildnachweis

Bilder der Bilddatenbank www.shutterstock.com:
Goldstruktur auf allen Seiten: # 231295171 (© AnnPainter)
Weitere Bilder: S. 11 # 676770544 (© Ninja SS), S. 14 # 259086815 (© Olga Danylenko), S. 18 # 767517706 (© oneinchpunch), S. 34 # 121682920 (© WitthayaP), S. 48 # 652594438 (© Stuart G Porter), S. 69 # 701451253 (© wavebreakmedia), S. 100 # 748023193 (© kittinit)

Danke für deine REZENSION

– Gemeinsam sind wir mehr –

Liebe Leserin, lieber Leser,
von Herzen danken wir dir, dass du dieses Buch in den Händen hältst und es bis zum Ende gelesen hast. Das bedeutet uns, dem Schirner Verlag und seinen Autoren, sehr viel. Aus voller Überzeugung und mit Hingabe widmen wir uns seit vielen Jahren Themen, die unser aller Lebensqualität und Bewusstwerdung dienlich sind, und hoffen, einen Beitrag für eine lichtvollere Welt leisten zu können. Wenn dir unsere Arbeit gefällt, möchten wir dich bitten, dir einige Minuten Zeit zu nehmen, um dieses Buch zu rezensieren. Warum? Die meisten Menschen lesen Rezensionen, bevor sie ein Buch kaufen, da sie hierdurch einen Eindruck bekommen, ob und wie der Inhalt des Buches den Leser erreicht hat. Eine kurze Rezension ist dabei ebenso hilfreich wie eine lange, sehr ausführliche. Um es auf den Punkt zu bringen:

Eine Rezension ist heutzutage die beste Werbung für ein Autorenwerk!

Wenn du den Schirner Verlag und seine Autoren neben dem Buchkauf auch anderweitig unterstützen willst, dann bitten wir dich: Schreibe für jedes Werk eine Rezension – am besten auf der Seite, wo du es gekauft hast, und zusätzlich beim Schirner Verlag und bei Amazon. Das wäre nicht nur eine Wertschätzung für die Autoren, sondern kann dazu beitragen, dass die Verkaufszahlen steigen und der Schirner Verlag auch in herausfordernden Zeiten Bestand hat.

WIE SCHREIBT MAN EINE REZENSION?

Grundsätzlich sollte eine Rezension aus der eigenen, subjektiven Sicht geschrieben werden, da es sich um eine persönliche Meinung handelt. Du kannst in zwei Sätzen deine Gedanken zu dem Buch äußern oder eine längere Rezension verfassen. Falls du nicht weißt, wie du beginnen sollst, hier ein paar Anregungen:

- War das Buch leicht verständlich geschrieben? Wie hat dir die Sprache gefallen? Wie empfandest du die Aufteilung der verschiedenen Themen?
- War es unterhaltsam? War es deiner Meinung nach mit Herzblut und Liebe geschrieben? Wie hat es auf dich gewirkt?
- Hat es dein Herz berührt? Konntest du dich wiederfinden?
- War es tief greifend genug? Hast du viel Neues gelernt?
- Hat es gehalten, was der Titel und die Buchbeschreibung versprochen haben? Hat es deine Erwartungen erfüllt?
- Was macht das Buch besonders? Warum sticht es heraus im Vergleich zu anderen Büchern, die ein ähnliches Thema behandeln?
- Würdest du das Buch weiterempfehlen oder verschenken?

Dankeschön

lesen, fliegen, landen
Schirner Verlag